GUÍA RÁPIDA DE

LAS 33 ESTRATEGIAS DE LA GUERRA

ROBERT GREENE

Una producción de Joost Elffers

GUÍA RÁPIDA DE

LAS 33 ESTRATEGIAS DE LA GUERRA

OCEANO

GUÍA RÁPIDA DE LAS 33 ESTRATEGIAS DE LA GUERRA

Título original: THE CONCISE 33 STRATEGIES OF WAR

Traducción: Enrique Mercado de la edición original en inglés
de Profile Books Ltd., London

Diseño de portada: Ivonne Murillo
Imagen de portada: Amazonomaquia, sarcófago, Ciudad del Vaticano.
Foto: Wikimedia Commons.
Fotografía de Robert Greene: Susan Anderson

Guillermo Barroso 17-5, Col. Industrial Las Armas,
Tlalnepantla de Baz, 54080, Estado de México
info@oceano.com.mx

Segunda edición (sexta reimpresión): septiembre, 2023

ISBN: 978-607-527-855-1

Impreso en México / Printed in Mexico

Índice

Parte I

Guerra autodirigida

La guerra, o cualquier tipo de conflicto, se libra y gana mediante la estrategia. Tu mente es el punto de partida de toda guerra y toda estrategia. Una mente fácilmente agobiada por la emoción, enraizada en el pasado en vez del presente y que no puede ver el mundo con claridad y rapidez, producirá estrategias que siempre errarán el tiro.

Para ser un verdadero estratega debes dar tres pasos. Primero, toma conciencia de las debilidades y trastornos que pueden aquejar a tu mente y embotar sus facultades estratégicas. Segundo, declárate la guerra a ti mismo para obligarte a avanzar. Tercero, libra una inclemente y continua batalla con los enemigos dentro de ti aplicando ciertas estrategias.

Los cuatro capítulos siguientes están destinados a que conozcas los desórdenes que tal vez plagan ahora mismo tu mente y a armarte de estrategias específicas para eliminarlos.

LEY

1

DECLARA LA GUERRA A TUS ENEMIGOS

LA ESTRATEGIA DE LA POLARIDAD

La vida es una batalla y conflicto interminable, y no podrás librarla con efectividad si no identificas a tus enemigos. La gente es sutil y evasiva, disfraza sus intenciones, finge estar de tu lado. Necesitas claridad. Aprende a descubrir a tus enemigos, a detectarlos mediante los signos y patrones que indican hostilidad. Entonces, una vez que los tengas a la vista, declárales la guerra dentro de ti. Así como los polos opuestos de un imán crean movimiento, tus enemigos —tus opuestos— pueden colmarte de propósito y dirección. En cuanto que personas que se interponen en tu camino, que representan lo que aborreces, personas contra las cuales reaccionar, son una fuente de energía. No seas ingenuo: con algunos enemigos no puede haber ningún arreglo, ningún terreno común.

CLAVES PARA LA GUERRA

La oposición de un miembro contra un socio no es un factor social puramente negativo, así sea sólo porque suele ser el único medio para al menos hacer posible la vida con personas realmente insoportables. Si ni siquiera tuviéramos el poder y el derecho de rebelarnos contra la tiranía, la arbitrariedad, el malhumor, la falta de tacto, no podríamos tolerar ninguna relación con gente cuyo carácter sufrimos. Nos sentiríamos empujados a dar pasos desesperados, los que, en efecto, terminarían con la relación, pero quizá no constituirían un "conflicto". No sólo porque [...] la opresión suele aumentar si se sufre con calma y sin protesta, sino también porque la oposición nos da satisfacción, distracción, alivio internos [...] Nuestra oposición nos hace sentir que no somos del todo víctimas de las circunstancias.

GEORG SIMMEL, 1858-1918

Vivimos una época en la que es raro que la gente sea directamente hostil. Las reglas de la acción —social, política, militar— han cambiado, y lo mismo debe ocurrir con tu noción del enemigo. Aunque hoy el mundo es más competitivo que nunca, se desalienta la agresión externa, así que la gente ha aprendido a encubrirse, a atacar impredecible y taimadamente. Muchos usan la amistad como medio para ocultar deseos agresivos: se acercan a ti para hacerte más daño.

Tu primera tarea como estratega es ampliar tu concepto del enemigo, para incluir en él al grupo de quienes actúan en tu contra, obstruyéndote, aun en formas sutiles. No seas una víctima ingenua. No te la pases replegándote, reaccionando a las maniobras de tus enemigos. Ármate de prudencia y nunca bajes por completo la guardia, ni siquiera con tus amigos.

La gente suele ser hábil para ocultar su hostilidad, pero a menudo emite señales inconscientes que indican que nada es lo que parece. La cuestión no es desconfiar de todos los gestos amistosos, sino notarlos. Registra todo cambio en la temperatura emocional: sociabilidad inusual, un nuevo deseo de intercambiar confidencias, excesivos elogios de terceros, el deseo de alianza que podría tener más sentido para la otra persona que para ti. Confía en tu intuición: si la conducta de alguien te parece sospechosa, probablemente lo sea.

Puedes sentarte a interpretar las señales, o trabajar activamente para poner al descubierto a tus enemigos; golpear la hierba para sorprender a las serpientes, como dicen los chinos.

Haz algo que pueda interpretarse de más de una manera; algo superficialmente cortés, pero que también indique una leve frialdad de tu parte o pueda ser visto como un insulto sutil. Un amigo podría extrañarse, pero lo dejará pasar. El enemigo secreto, en cambio, reaccionará con ira. Basta una emoción intensa para que sepas que hay algo que hierve bajo la superficie.

El hombre existe sólo en la medida en que es resistido.
GEORG HEGEL, 1770-1831

Comprende: la gente tiende a ser vaga y escurridiza porque esto es más seguro que comprometerse expresamente con algo. Ten cuidado de la gente que se oculta tras una fachada de vagas abstracciones e imparcialidad: nadie es imparcial. Una pregunta incisivamente formulada, una opinión ideada para ofender, lo hará reaccionar y tomar partido.

A veces es mejor asumir un enfoque menos directo con tus posibles enemigos, ser tan sutil e intrigante como ellos. Si amigos o seguidores de cuyos verdaderos motivos sospechas sugieren algo sutilmente hostil o contrario a tus intereses, sigue adelante, o simula hacerte de la vista gorda: tus enemigos pronto llegarán más lejos y dejarán ver más claramente sus propósitos. Entonces los tendrás a la vista y podrás actuar.

Un enemigo suele ser grande y difícil de precisar: una organización, o una persona oculta tras una embrollada red. Lo que debes hacer es apuntar a una parte del grupo: un líder, un vocero, un miembro clave del círculo principal. No apuntes nunca a un enemigo vago y abstracto. Es difícil reunir las emociones necesarias para librar una batalla incruenta como ésa, lo que en cualquier caso dejará invisible a tu enemigo. Personaliza la batalla, cara a cara.

Los enemigos brindan muchos dones. Para comenzar, te motivan y ajustan tus juicios. También te proporcionan un punto de referencia para juzgarte, tanto personal como socialmente; tocó a Joe Frazier hacer de Muhammad Alí un gran boxeador. Un adversario difícil te hará dar lo mejor de ti. Y cuanto mayor sea él, mayor será también tu recompensa, aun en la derrota. Es mejor perder ante un contrincante valioso que aplastar a un enemigo inofensivo. Ganarás simpatía y respeto, y acumularás apoyo para tu siguiente contienda.

Ser atacado es signo de que eres suficientemente importante para ser un objetivo. Deberías disfrutar de esa atención y de la oportunidad de ponerte a prueba. Los líderes siempre han hallado útil tener un enemigo a su puerta en momentos angustiosos, para distraer a la gente de sus dificultades. Al usar a tus enemigos para reunir a tus tropas, polarízalas lo más posible: combatirán más ferozmente si sienten un poco de odio. Así, exagera las diferencias entre tu enemigo y tú: traza claramente la línea. Tu meta es la victoria, no la justicia y el equilibrio. Usa la retórica de la guerra para incitar interés y estimular el espíritu.

Lo que necesitas en la guerra es margen de maniobra. Las esquinas estrechas significan muerte. Tener enemigos te da opciones. Puedes oponerlos entre sí, hacerte amigo de uno de ellos como medio para atacar al otro. Sin enemigos no sabrás cómo o dónde maniobrar y perderás la noción de tus límites, de cuán lejos puedes llegar.

Recuerda: siempre habrá personas más agresivas, insinceras y crueles que tú, y es inevitable que algunas de ellas se crucen en tu camino. Querrás conciliar y llegar a un arreglo. Con algunas personas tienes que endurecerte, reconocer que no hay terreno común ni esperanza de conciliación. Para tu adversario, tu deseo de llegar a un arreglo es un arma por usar contra ti.

Imagen: *La Tierra. El enemigo es el suelo bajo tus pies. Posee una gravedad que te mantiene en tu sitio, una fuerza de resistencia. Echa profundas raíces en esta tierra para obtener firmeza y fuerza. Sin un enemigo que pisotear, que atropellar, perderás la compostura y todo sentido de proporción.*

Autoridad: *Si confías en tu seguridad y no piensas en el peligro; si no sabes estar suficientemente alerta a la llegada de los enemigos, serás como el gorrión que anida en un toldo o el pez que nada en el caldero: no terminarás el día.* —Chuko Liang (181-234 d.C.)

LEY

2

NO DES LA GUERRA PASADA

LA ESTRATEGIA DE LA GUERRA DE GUERRILLAS MENTAL

Lo que con mayor frecuencia te oprime y acarrea desgracias es el pasado, en forma de apegos innecesarios, repeticiones de fórmulas gastadas y el recuerdo de antiguas victorias y derrotas. Debes librar conscientemente una guerra contra el pasado y obligarte a reaccionar al momento presente. Sé implacable contigo mismo; no repitas los métodos trillados. A veces debes forzarte a seguir nuevas direcciones, aun si implican riesgos. Lo que puedes perder en comodidad y seguridad lo ganarás en sorpresa, dificultando así a tus enemigos saber qué harás. Libra una guerra de guerrillas en tu mente, sin permitir líneas estáticas de defensa ni ciudadelas en peligro; vuelve todo fluido y móvil.

CLAVES PARA LA GUERRA

Saber que se está en cierta condición, en cierto estado, es ya un proceso de liberación; pero un hombre que no está consciente de su condición, de su empeño, trata de ser algo que no es, lo que se vuelve hábito. Así, tengamos en mente que debemos examinar lo que es, observar y tomar conciencia de qué es exactamente lo real, sin darle ningún sesgo, sin darle una interpretación. Se precisa de una mente extraordinariamente astuta, de un corazón extraordinariamente flexible, para tomar conciencia y seguir lo que es; porque lo que es está en movimiento constante, en constante proceso de transformación; y si la mente se ata a una creencia, a un conocimiento, deja de buscar, deja de seguir el movimiento ágil de lo que es. Lo que es no es estático, sin duda; está en constante movimiento, como lo comprobarás si observas con atención. Para seguirlo necesitas una mente muy ágil y un corazón flexible, los cuales

Al reflexionar en una experiencia molesta o desagradable, inevitablemente se nos ocurre esta idea: si hubiéramos dicho o hecho *x* en lugar de *y*, si pudiéramos hacerlo de nuevo. Más de un general ha perdido la cabeza al calor de la batalla y después, al mirar atrás, ha pensado en la táctica, la maniobra, que lo habría cambiado todo. El problema, sin embargo, no es que pensemos en la solución cuando ya es demasiado tarde, sino que imaginamos que lo que nos faltó fue conocimiento. Ése es precisamente el enfoque equivocado. Lo que nos pierde en primera instancia es que no estamos sintonizados con el momento presente, somos insensibles a las circunstancias. Escuchamos nuestros pensamientos y reaccionamos a cosas ocurridas en el pasado aplicando teorías e ideas que digerimos hace mucho pero que no tienen nada que ver con nuestros aprietos en el presente.

Comprende: los más grandes generales, los estrategas más creativos, no sobresalen porque tengan más conocimientos, sino porque son capaces, cuando es necesario, de abandonar sus nociones preconcebidas y concentrarse intensamente en el momento presente. Así es como se enciende la creatividad y se aprovechan las oportunidades. Cuanto mejor podamos adaptar nuestros pensamientos a las nuevas circunstancias, más realistas serán nuestras reacciones a ellas.

Reexamina todos tus preciados juicios y principios. Cuando a Napoleón se le preguntaba qué principios de guerra seguía, contestaba que ninguno. Su genio estribaba en su capacidad para responder a las circunstancias, para sacar el mayor provecho del estado de cosas: era el oportunista supremo. Tu único principio, de igual manera, debe ser no tener ninguno. Cuando enfrentas una nueva situación, a menudo es mejor imaginar que no sabes nada y que debes empezar a aprender otra vez desde el principio. Desarrollarás así tu propia fuerza estratégica en lugar de depender de las teorías y libros de otros.

se niegan cuando la mente está estática, fija en una creencia, en un prejuicio, en una identificación; y una mente y un corazón secos no pueden seguir fácil ni ágilmente lo que es.
JIDDU KRISHNAMURTI, 1895-1986

Borra el recuerdo de la guerra pasada. Tu guerra más reciente es un peligro, aun si la ganaste. Está fresca en tu memoria. Si triunfaste, tenderás a repetir las estrategias que acabas de usar, porque el éxito nos vuelve perezosos y complacientes; si perdiste, podrías estar nervioso e indeciso. No pienses en la guerra pasada; no tienes aún la distancia y desapego para ello. En cambio, haz todo lo posible para sacarla de tu cabeza.

Mi política es no tener ninguna.
ABRAHAM LINCOLN, 1809-1865

Mantén tu mente en movimiento. Cuando éramos niños, nuestra mente nunca se detenía. Estábamos abiertos a nuevas experiencias y las asimilábamos lo más posible.

Todos los grandes estrategas eran infantiles en este sentido. A veces, de hecho, actuaban incluso como niños. La razón es simple: los estrategas superiores ven las cosas como son. Son sumamente sensibles a los peligros y las oportunidades. Nada permanece inmutable en la vida, y seguir el paso a las circunstancias conforme cambian requiere un alto grado de fluidez mental. Los grandes estrategas no actúan de acuerdo con ideas preconcebidas; reaccionan al momento, como los niños. Su mente siempre está en movimiento, y siempre se sienten emocionados y curiosos. Olvidan rápido el pasado; el presente es mucho más interesante. Cada vez que te sorprendas rumiando un tema o idea particular —una obsesión, un resentimiento—, fuérzate a ignorarlo. Distráete con otra cosa. Como un niño, busca algo nuevo que te entretenga, digno de atención concentrada. No

Si pones una calabaza hueca en el agua y la tocas, se inclinará a un lado. Por más que lo intentes, no se quedará en su sitio. La mente de alguien que ha alcanzado el último estado no se queda en nada, ni siquiera un segundo. Es como una calabaza hueca al ser empujada en el agua.
TAKUAN, Japón, 1573-1645

pierdas tiempo en cosas que no puedes cambiar o en las que no puedes influir. Sigue adelante.

Absorbe el espíritu de la época. Sintoniza con el espíritu de la época. Desarrollar antenas para captar las tendencias en germen implica trabajo y estudio, así como flexibilidad para adaptarse a esos caminos. A medida que envejeces, es recomendable que alteres periódicamente tu estilo. Al adaptarte constantemente, evitarás las trampas de tus guerras previas. Justo cuando la gente crea que te conoce, cambiarás.

Invierte el rumbo. A veces tienes que sacudirte, librarte de la sujeción del pasado. Esto puede adoptar la forma de invertir tu rumbo, haciendo lo contrario de lo que normalmente harías en una situación dada. En estas circunstancias, la mente tiene que vérselas con una nueva realidad, y esto da vida.

Concibe tu mente como un ejército. Los ejércitos deben adaptarse a la complejidad y caos de la guerra moderna volviéndose más fluidos y maniobrables. La prolongación última de esta evolución es la guerra de guerrillas, que explota el caos convirtiendo el desorden y la impredictibilidad en estrategia. Un ejército guerrillero nunca se detiene a defender un lugar o ciudad en particular; gana moviéndose siempre, manteniéndose un paso adelante. Al no seguir un patrón fijo, no ofrece ningún blanco al enemigo.

Éste es el modelo para tu nueva manera de pensar. No practiques rígidamente ninguna táctica. Ataca los problemas desde nuevos ángulos, adaptándote al paisaje y al estado de cosas. Al mantenerte en constante movimiento, no ofrecerás a tus enemigos ningún blanco de ataque.

Imagen: *El agua.*

Adaptando su forma
a su cauce,
quitando
rocas
del
camino, alisando
piedras,
nunca se detiene,
nunca es igual.
Entre más rápido
se mueve,
más clara
es.

Autoridad: *Algunos de nuestros generales fallaron porque todo lo hacían según las reglas. Sabían lo que había hecho Federico en cierto lugar, y Napoleón en otro. Siempre pensaban en lo que Napoleón haría [...] No subestimo el valor del conocimiento militar; pero si los hombres hacen la guerra observando servilmente las reglas, fracasarán [...] La guerra es progresiva.* —Ulysses S. Grant (1822-1885)

LEY

3

EN LA CONFUSIÓN DE LOS HECHOS, NO PIERDAS TU PRESENCIA DE ÁNIMO

LA ESTRATEGIA DEL CONTRAPESO

Al calor de la batalla, la mente tiende a perder su equilibrio. Demasiadas cosas te confrontan al mismo tiempo: reveses inesperados, dudas y críticas de tus propios aliados. Corres el riesgo de reaccionar emocionalmente, con temor, depresión o frustración. Es vital que conserves tu presencia de ánimo, manteniendo tus facultades mentales en toda circunstancia. Debes resistir activamente el impulso emocional del momento, permanecer decidido, seguro y agresivo sin importar lo que te afecte. Fortalece tu mente exponiéndola a la adversidad. Aprende a distanciarte del caos del campo de batalla. Deja que los demás pierdan la cabeza; tu presencia de ánimo te librará de su influencia y te mantendrá en marcha.

CLAVES PARA LA GUERRA

La primera cualidad de un general en jefe es tener una cabeza fría que reciba impresiones exactas de las cosas, nunca se acalore, nunca se permita deslumbrarse, o intoxicarse, por buenas o malas noticias. Las sucesivas sensaciones simultáneas que recibe en el curso del día deben ser clasificadas, y ocupar los lugares indicados que merecen llenar, porque el sentido común y la razón resultan de la comparación de varias sensaciones, cada una de ellas igualmente examinada. Hay ciertos hombres que, a causa de su constitución moral y física, pintan cuadros mentales a propósito de todo; por elevados que sean su razón, su voluntad, su valor, y por grandes cualidades que posean, la naturaleza no los capacitó para mandar ejércitos ni para dirigir magnas operaciones de guerra.
NAPOLEÓN BONAPARTE, 1769-1821

A los seres humanos nos agrada concebirnos como criaturas racionales. Imaginamos que lo que nos diferencia de los animales es la capacidad de pensar y razonar. Pero eso es sólo parcialmente cierto: lo que nos distingue de los animales es, en igual medida, nuestra capacidad de reír, llorar, sentir una amplia gama de emociones.

Mantenemos la ilusión de que somos racionales a través de la rutina de nuestros asuntos diarios, lo que nos ayuda a conservar las cosas en calma y aparentemente controladas. Pero póngase a cualquiera de nosotros en una situación adversa y nuestra racionalidad se desvanecerá; reaccionaremos a la presión con temor, impaciencia y confusión.

Compréndelo: tu mente es más débil que tus emociones. Pero sólo tomas conciencia de esta debilidad en momentos de adversidad, justo cuando más fuerza necesitas. Lo que mejor te equipa para hacer frente al calor de la batalla no es más conocimiento ni más intelecto. Lo que vuelve más fuerte a tu mente, y más capaz de controlar tus emociones, es la disciplina y reciedumbre interior.

Nadie puede enseñarte esta habilidad; no puedes aprenderla leyendo sobre ella. Como cualquier otra disciplina, sólo puede llegar mediante la práctica, la experiencia, e incluso un poco de sufrimiento. Concibe las siguientes ideas como ejercicios, maneras de templar tu mente, cada una de ellas una especie de contrapeso al irresistible impulso de la emoción.

Exponte al conflicto. Es mejor enfrentar tus temores, dejar que salgan a la superficie, que ignorarlos u ocultarlos. El temor es la emoción más destructiva de la presencia de ánimo, pero medra en lo desconocido, donde nuestra imaginación se desata. Poniéndote deliberadamente en situaciones en las que debas hacer frente al temor, te familizarás con él y tu angustia será menos aguda. La sensación de vencer un temor profundamente arraigado te dará a su vez seguridad en ti mismo y presencia de ánimo. Entre más conflictos y situaciones difíciles sufras, más probada para la batalla estará tu mente.

Una zorra que no había visto nunca un león, cuando por casualidad se encontró con uno, al observarlo por primera vez se turbó tanto que casi se muere. Cuando se lo encontró por segunda vez tuvo miedo, pero no tanto como antes. Pero la tercera vez que lo vio tomó tanta confianza que incluso se acercó y charló con él.
La fábula muestra que la costumbre atempera aun las situaciones más terribles.

Fábulas, ESOPO, siglo VI a. C.

Sé autosuficiente. No hay nada peor que sentirse dependiente de los demás. La dependencia te vuelve vulnerable a todo tipo de emociones —traición, decepción, frustración— que hacen estragos en tu equilibrio mental.

Ser autosuficiente es crucial. Para depender menos de los demás y de supuestos expertos, debes ampliar tu repertorio de habilidades. Y confiar más en tu juicio. Compréndelo: tendemos a sobrestimar las capacidades de otras personas y a subestimar las nuestras. Compensa esto confiando más en ti y menos en los demás.

Es importante recordar, sin embargo, que ser autosuficiente no significa sobrecargarte de pequeños detalles. Debes ser capaz de distinguir entre asuntos menores que es mejor dejar a los demás y asuntos importantes que requieren tu atención y cuidado.

Sufre de buen grado a los necios. No puedes estar en todas partes ni combatir a todos. Tu tiempo y energía son limitados y debes aprender a preservarlos. La fatiga y frustración pueden arruinar tu presencia de ánimo. El mundo está lleno de necios: personas impacientes por obtener resultados, que cambian con el viento, que no pueden ver más allá de sus narices. Cuando trabajes con necios, no riñas con ellos. Concíbelos en cambio como niños, o como mascotas, no lo bastante importantes para afectar tu equilibrio mental.

En una célebre ocasión durante la guerra civil, César tropezó al desembarcar en la costa de África y cayó de bruces. Con su talento para la improvisación, tendió las manos y abrazó la tierra como símbolo de conquista. Pensando rápido, convirtió un terrible augurio de fracaso en uno de victoria.
Cicero: The Life and Times of Rome's Greatest Politician, ANTHONY EVERITT, 2001

Elimina sensaciones de pánico concentrándote en tareas simples. Cuando las circunstancias nos atemorizan, nuestra imaginación tiende a imponerse, llenando nuestra mente de interminables angustias. Debes obtener el control de tu imaginación, algo más fácil de decir que de hacer. Con frecuencia el mejor medio para serenarte y conseguir ese control es forzar a tu cabeza a concentrarse en algo relativamente simple: un ritual apaciguador, una tarea repetitiva en la que eres bueno. Crea así el tipo de serenidad que naturalmente posees cuando tu entendimiento se sumerja en un problema. Una mente concentrada no deja margen a la angustia ni a los efectos de una imaginación desbordada.

No te intimides. La intimidación amenazará siempre tu presencia de ánimo. Y es una sensación difícil de combatir.

La clave para no intimidarte es convencerte de que la persona frente a ti es un mero mortal, no diferente a ti. Ve a la persona, no al mito. Reducir a la otra persona a su verdadera dimensión te ayudará a mantener tu equilibrio mental.

Desarrolla tu *Fingerspitzengefühl* (sensibilidad en las yemas de los dedos). La presencia de ánimo depende no sólo de la capacidad de tu mente para salir en tu ayuda en situaciones difíciles, sino también de la rapidez con que eso suceda. "Rapidez" significa aquí responder a las circunstancias con celeridad y tomar decisiones como de rayo. Esta facultad suele interpretarse como una especie de intuición, que los alemanes llaman *Fingerspitzengefühl* (sensibilidad en las yemas de los dedos).

Hay cosas que puedes hacer para ayudarte a reaccionar más rápido y sacar a relucir la sensibilidad intuitiva que todos los animales poseemos. El profundo conocimiento del terreno te permitirá procesar información más rápido que tu enemigo, una ventaja tremenda. Tener noción del espíritu de la gente y del material, pensando cómo llegar a ellos en lugar de verlos desde fuera, te ayudará a ponerte en otra disposición mental, menos consciente y forzada, más inconsciente e intuitiva. Haz que tu mente adopte el hábito de tomar decisiones como de rayo, confiando en la sensibilidad de la yemas de tus dedos.

Finalmente, no creas que la presencia de ánimo es una cualidad sólo útil en periodos de adversidad, algo que encender y apagar según lo necesites. Cultívala como una condición diaria. Cuanto más te apliques al juego de la guerra, más hará por ti en la vida diaria tu disposición mental de guerrero. Cuando surja una crisis, tu mente estará tranquila y preparada. Una vez que la presencia de ánimo se vuelva hábito, nunca te abandonará.

Imagen:
El viento. El alud de hechos inesperados, y las dudas y críticas de quienes te rodean, son como un viento impetuoso en el mar. Éste puede provenir de cualquier punto de la brújula, y no hay lugar donde escapar de él, ni forma de predecir cuándo y en qué dirección pegará. Cambiar de rumbo a cada ráfaga sólo te abandonará al mar. Los buenos pilotos no pierden tiempo preocupándose por lo que no pueden controlar. Se concentran en sí mismos, la pericia y firmeza de su mano, el curso planeado y su determinación de llegar a puerto a toda costa.

Autoridad: *Gran parte del valor es el valor de haberlo hecho antes.*
—Ralph Waldo Emerson (1803-1882)

LEY

4

GENERA UNA SENSACIÓN DE URGENCIA Y DESESPERACIÓN

LA ESTRATEGIA DEL CAMPO DE LA MUERTE

Tú eres tu peor enemigo. Pierdes tiempo precioso soñando en el futuro en lugar de ocuparte del presente. Como nada te parece apremiante, sólo te involucras a medias en lo que haces. La única manera de cambiar es mediante la acción y la presión externa. Ponte en situaciones en las que tengas demasiado en juego para perder tiempo o recursos; si no puedes permitirte perder, no perderás. Corta tus lazos con el pasado; entra a territorio desconocido, donde debes depender de tu ingenio y energía para salir del apuro. Ponte en el campo de la muerte, con la espalda contra la pared y donde tengas que pelear como un demonio para salir vivo.

CLAVES PARA LA GUERRA

La meditación sobre la inevitable muerte debe realizarse a diario. Cada día, cuando el cuerpo y mente están en paz, se debe meditar en ser desgarrado por flechas, rifles, lanzas y espadas; ser arrasado por olas impetuosas; ser arrojado a un gran incendio; ser golpeado por un rayo; ser sacudido a muerte por un gran terremoto; caer de peñascos de mil metros; morir de enfermedad, o cometer seppuku a la muerte del maestro. Y cada día, sin falta, uno debe considerarse muerto.
Hagakure: el camino del samurái, YAMAMOTO TSUNETOMO, 1659-1720

Muy a menudo nos sentimos algo perdidos en nuestros actos. Podríamos hacer esto o aquello: tenemos muchas opciones, pero ninguna de ellas parece del todo necesaria. Nuestra libertad es una carga. En algún momento todos hemos tenido una sensación de urgencia. Lo más frecuente es que se nos imponga desde afuera. Todo cambia entonces; no más libertad. Tenemos que hacer esto, debemos resolver aquello. La sorpresa es cuánto más animados y más vivos nos hace sentir eso; entonces todo nos parece necesario.

Los jefes militares han pensado en este asunto desde que los ejércitos existen: ¿cómo motivar a los soldados, volverlos más agresivos, más temerarios? Algunos generales han confiado en la oratoria ardiente, y los particularmente buenos en esto han alcanzado cierto éxito. Pero hace más de dos mil años, el estratega chino Sun-tzu terminó por creer que escuchar discursos, por vehementes que fueran, era una experiencia demasiado pasiva para tener un efecto duradero. Sun-tzu se refirió en cambio al "campo de la muerte", un lugar en el cual poner a un ejército contra algo y sin vía de escape. Sin una vía de retirada, argumentaba Sun-tzu, un ejército pelea con el doble o triple del espíritu que tendría en descampado, porque la muerte está visceralmente presente.

El señor Naoshige dijo: "El Camino del samurai está en la desesperación. Diez hombres o más no pueden matar a un hombre así. El sentido común no logrará grandes cosas. Simplemente vuélvete loco y desesperado".
Hagakure: el camino del samurái, YAMAMOTO TSUNETOMO, 1659-1720

El campo de la muerte es un fenómeno psicológico que va mucho más allá del campo de batalla: es cualquier serie de circunstancias en las que te sientes encerrado y sin opciones. Debes actuar o sufrirás las consecuencias.

Comprende: somos criaturas íntimamente ligadas a nuestro entorno; respondemos visceralmente a nuestras circunstancias y a la gente que nos rodea. Si nuestra situación es fácil y relajada, si la gente es amigable y cordial, nuestra tensión natural se desvanece. Pero ponte en una situación en la que estén en juego muchas cosas —un campo psicológico de la muerte— y la dinámica cambia. Tu cuerpo responde al peligro con un aumento súbito de energía; tu mente se afina.

El truco es usar deliberadamente este efecto de vez en cuando, practicarlo como una especie de llamado de alerta. Las cinco acciones siguientes están destinadas a colocarte en un campo psicológico de la muerte.

La muerte es la nada, pero vivir derrotado es morir cada día.
NAPOLEÓN BONAPARTE, 1769-1821

¡Eh, caballeros, el tiempo de la vida es corto! Gastar ese bravo periodo villanamente fuera demasiado largo, cuando la vida misma, galopando sobre la manecilla de un reloj, acabaría su viaje llegando en una hora. Si vivimos, viviremos para arrastrarnos a los pies de los reyes; si morimos, ¡bella muerte cuando la compartimos con los príncipes!
El rey Enrique IV, parte I, WILLIAM SHAKESPEARE, 1564-1616

Juégalo todo en un solo lance. Con frecuencia intentamos hacer demasiadas cosas al mismo tiempo, pensando que una de ellas nos traerá éxito, pero en tales situaciones nuestra mente está dispersa, y nuestros ímpetus fríos. Es mejor aceptar un reto imponente, aun si los demás lo creen disparatado. Nuestro futuro está en juego; no nos podemos permitir perder. Así que no perdemos.

Actúa antes de estar preparado. A menudo esperamos demasiado tiempo para actuar, en particular cuando no enfrentamos una presión externa. A veces es mejor actuar antes de creer que estás preparado: forzar las cosas. No sólo tomarás por sorpresa a tus adversarios; también tendrás que sacar el máximo provecho de tus recursos. Te has comprometido y no puedes dar marcha atrás.

Entra a nuevas aguas. A veces tienes que dejar atrás relaciones caducas y situaciones cómodas, cortar tus lazos con el pasado. Si no te ofreces una salida, tendrás que hacer funcionar tu nuevo intento.

Conviértelo en "tú contra el mundo". Un espíritu combativo necesita un poco de estímulo, algo de enojo y odio para alimentarse. Así que no te sientes a esperar que la gente se ponga agresiva; irrítala y enfurécela en forma deliberada. Sintiéndote acorralado por una multitud que te detesta, pelearás como un demonio.

Cuando el peligro es mayor. *Es raro romperse una pierna cuando en el curso de la vida uno se afana en subir —esto sucede mucho más a menudo cuando se empiezan a tomar las cosas con calma y a elegir los caminos fáciles.*
FRIEDRICH NIETZSCHE, 1844-1900

Mantente incansable e insatisfecho. Cuando estamos cansados, es a menudo porque estamos aburridos. Cuando no nos aguarda ningún desafío real, una letargia mental y física nos invade. La falta de energía llega por falta de retos, cuando asumimos menos de lo que somos capaces. Corre un riesgo y tu cuerpo y mente responderán con un torrente de energía. Haz del riesgo una práctica constante, nunca te apagues. Pronto, recurrir al campo de la muerte se convertirá en una suerte de adicción; no querrás estar sin él.

Imagen: *El fuego. En sí mismo no tiene fuerza; depende de su medio. Dale aire, madera seca, viento que avive la flama y adquirirá un impulso aterrador, se desatará, se alimentará a sí mismo, consumirá todo a su paso. Nunca dejes ese poder al azar.*

Autoridad: *Cuando tu supervivencia depende de que combatas con celeridad, pues de lo contrario perecerás, te encuentras en el campo [de la muerte] [...] Ponlos donde no haya escapatoria, y morirán sin posibilidad de huir. Si han de morir ahí, ¿qué no serán capaces de hacer? Los guerreros empeñarán toda su fuerza. Cuando se hallan en peligro extremo, no temen. Cuando no tienen dónde ir, se mantienen firmes; cuando fijan en algo su atención, logran lo que se proponen. Si no tienen otra alternativa, combatirán. —El arte de la guerra,* Sun-tzu (siglo IV a.C.)

Parte II

Guerra organizacional (en equipo)

Tú puedes tener brillantes ideas, ser capaz de inventar estrategias invencibles, pero si el grupo que diriges, y del que dependes para ejecutar tus planes, es indiferente y poco creativo, y si sus miembros siempre ponen primero su agenda personal, tus ideas no significarán nada. Debes aprender la lección de la guerra: la estructura del ejército es lo que dará fuerza a tus estrategias.

La meta primaria en la guerra es introducir rapidez y movilidad en la estructura misma de tu ejército. Esto quiere decir tener una sola autoridad en la cima, evitar la vacilación y confusión del liderazgo dividido. También quiere decir motivar a los soldados, produciendo un *esprit de corps* general que les dé un impulso irresistible.

Este modelo militar es sumamente adaptable a cualquier grupo. Tiene un simple requisito: antes de formular una estrategia o emprender una acción, conoce la estructura de tu grupo. Siempre podrás cambiarla y rediseñarla para adecuarla a tus propósitos. Los tres capítulos siguientes te ayudarán a concentrarte en este asunto crítico y te brindarán opciones estratégicas, así como errores desastrosos por evitar.

LEY

5

EVITA LAS TRAMPAS DEL PENSAMIENTO GRUPAL

LA ESTRATEGIA DE MANDO Y CONTROL

El problema al dirigir un grupo es que la gente tiene ineludiblemente su propia agenda. Si tú eres demasiado autoritario, lo resentirá y se rebelará en formas silenciosas. Si eres demasiado complaciente, volverá a su egoísmo natural y perderás el control. Crea una cadena de mando en la que la gente no se sienta restringida por tu influencia pero siga tu guía. Pon a la gente indicada en cada lugar: personas que lleven a la práctica el espíritu de tus ideas sin ser autómatas. Haz que tus órdenes sean claras e inspiradoras, centrando la atención en el equipo, no en el líder. Produce una sensación de participación, aunque sin caer en el pensamiento grupal: la irracionalidad de la toma colectiva de decisiones. Luce como un dechado de equidad, pero nunca renuncies a la unidad de mando.

CLAVES PARA LA GUERRA

¡Qué diversa consistencia la de un ejército que enarbola una sola y misma bandera y responde en batalla a las exclusivas órdenes de un general, y la de una fuerza militar aliada que cubre cincuenta o cien leguas, o hasta distintas porciones del teatro de la guerra! En el primero de estos casos, la consistencia es más densa que nunca, y así también la unidad. En el segundo, la unidad es remota, pues no suele pasar de una intención política común, y es por ello rala e imperfecta, en tanto que la consistencia de las partes es la mayoría de las veces débil, y a menudo no mayor que una ilusión.

De la guerra,
CARL VON CLAUSEWITZ,
1780-1831

Ahora más que nunca, el liderazgo efectivo requiere un tacto diestro y sutil. La razón es simple: cada vez desconfiamos más de la autoridad. Al mismo tiempo, casi todos nos imaginamos como autoridades por derecho propio: oficiales, no soldados rasos. Sintiendo la necesidad de afirmarse, hoy la gente pone sus intereses antes que los del equipo. La unidad grupal es frágil y puede resquebrajarse fácilmente.

Esas tendencias afectan a los líderes en formas que apenas comprenden. La tendencia es dar más poder al grupo: queriendo parecer democráticos, los líderes consultan las opiniones de todo el personal, permiten que el grupo tome decisiones, conceden participación a los subordinados en la elaboración de una estrategia general. Sin darse cuenta, permiten que la política del momento los induzca a incumplir una de las reglas más importantes de la guerra y el liderazgo: la unidad de mando. Antes de que sea demasiado tarde, aprende las lecciones de la guerra: el liderazgo dividido es una receta para el desastre, la causa de las mayores derrotas militares de la historia.

El liderazgo dividido es riesgoso porque los miembros de grupos suelen pensar y actuar en forma ilógica e ineficaz; esto es lo que se conoce como "pensamiento grupal". Los miembros de grupos persiguen fines políticos: dicen y hacen cosas que creen que contribuirán a su imagen dentro del grupo. Buscan sólo complacer a los demás, promoverse, más que ver las cosas desapasionadamente. Mientras que un individuo puede ser osado y creativo, un grupo suele temer al riesgo. La necesidad de llegar a un arreglo entre los diferentes egos mata la creatividad. El grupo tiene mente propia, y esa mente es cautelosa, lenta para decidir, poco imaginativa y a veces francamente irracional.

Éste es el juego que debes jugar: haz todo lo que puedas por preservar la unidad de mando. Mantén los hilos por jalar en tus manos; la amplia visión estratégica debe proceder de ti y sólo de ti. Al mismo tiempo, oculta tus huellas. Opera tras bastidores; haz que el grupo se sienta involucrado en tus decisiones. Busca su consejo, incorporando sus buenas ideas, rechazando cortésmente las malas.

Todo ejército es como un caballo, ya que refleja el temple y espíritu de su jinete. Si hay ansiedad e incertidumbre, se transmitirá por las riendas, y el caballo se sentirá ansioso e incierto.

Lone Star Preacher, Coronel JOHN W. THOMASON, JR., 1941

Un paso crítico en la creación de una eficiente cadena de mando es reunir un equipo calificado que comparta tus metas y valores. Este equipo te dará muchas ventajas: personas entusiastas y motivadas que pueden pensar por sí mismas; una imagen como delegador, como líder justo y democrático, y un ahorro de tu valiosa energía, que puedes reorientar hacia el panorama general.

Al crear ese equipo, debes buscar a personas que compensen tus deficiencias, que tengan las habilidades que a ti te faltan. No te dejes seducir por la experiencia y la inteligencia. El carácter, la capacidad de trabajar bajo tus órdenes y con el resto del equipo y la de aceptar responsabilidades y pensar de manera independiente son igualmente claves. Confía en el equipo que has armado, pero no seas su prisionero ni le concedas demasiada influencia.

Una función clave de cualquier cadena de mando es proporcionar rápidamente información desde todas las trincheras, para que puedas adaptarte pronto a las circunstancias. Entre más corta y dinámica sea la cadena de mando, mejor será el flujo de la información. Aun así, la información suele diluirse al pasar por esa cadena.

Lo que necesitas es lo que el historiador militar Martin van Creveld llama “un telescopio dirigido”: personas en varias partes de la cadena, y en otros lados, que te den información instantánea desde el campo de batalla. Estas personas —una red informal de amigos, aliados y espías— te permitirán eludir esa lenta cadena.

El mayor riesgo para tu cadena de mando procede de los animales políticos en el grupo. Personas como éstas son ineludibles; brotan como maleza en cualquier organización. No sólo ven por sí mismas, sino que además forman facciones para promover su agenda y fracturar la cohesión que has producido. Interpretando tus órdenes según sus propósitos, buscando vacíos en toda ambigüedad, crean roturas invisibles en la cadena.

Trata de evitarlas antes de que lleguen. Al contratar a tu equipo, analiza la historia de los candidatos: ¿son muy inquietos? ¿Suelen moverse de un sitio a otro? Éste es un signo del tipo de ambición que les impedirá encajar. Cuando la gente parezca compartir exactamente tus ideas, ten cuidado: es probable que las reflejen para agradarte.

Otra solución es aislar a los topos políticos, no darles margen de maniobra dentro de la organización. Una vez que identifiques a los topos en tu grupo, actúa rápido para impedirles formar una base de poder con la cual destruir tu autoridad.

Finalmente, presta atención a las órdenes mismas: tanto su forma como su sustancia. Las órdenes vagas son inútiles. Al pasar de una persona a otra, se les altera irremediablemente, y tu personal terminará por verlas como símbolo de incertidumbre e indecisión. Por otra parte, si tus órdenes son demasiado específicas y restringidas, inducirán a la gente a comportarse como autómata y dejar de pensar por sí misma.

Órdenes claras, concisas e inspiradoras hacen que los oficiales se sientan al control y llenan a las tropas de espíritu combativo.

"Aquí no todos los aqueos podemos ser reyes; no es un bien la soberanía de muchos; uno solo sea príncipe, uno solo sea rey: aquel a quien el hijo del artero Crono ha dado cetro y leyes para que reine sobre nosotros." Así Odiseo, actuando como supremo jefe, imponía su voluntad al ejército; y ellos se apresuraban a volver de las tiendas y naves al ágora, con gran vocerío, como cuando el oleaje del estruendoso mar brama en la playa anchurosa y el ponto resuena.
Ilíada, HOMERO, circa siglo IX a.C.

Imagen: *Las riendas. Un caballo sin brida es inútil, pero igualmente malo es aquel cuyas riendas jalas a cada momento, en vano esfuerzo de control. El control estriba en casi soltar las riendas, sosteniéndolas tan suavemente que el caballo no sienta el tirón, sino que perciba el más leve cambio de tensión y responda como tú deseas. No todos pueden dominar este arte.*

Autoridad: *Es mejor un mal general que dos buenos.* —Napoleón Bonaparte (1769-1821)

LEY

6

SEGMENTA TUS FUERZAS

LA ESTRATEGIA DEL CAOS CONTROLADO

Los elementos críticos de la guerra son la rapidez y la adaptabilidad: la capacidad para actuar y tomar decisiones más pronto que el enemigo. Pero rapidez y adaptabilidad son difíciles de alcanzar hoy. Tenemos a la mano más información que antes, lo que vuelve más difíciles la interpretación y toma de decisiones. Tenemos más personas que manejar, esas personas están más ampliamente dispersas y enfrentamos más incertidumbre. Aprende de Napoleón, el gran maestro de la guerra: rapidez y adaptabilidad surgen de una organización flexible. Divide tus fuerzas en grupos independientes que puedan operar y tomar decisiones por sí solos. Vuelve elusivas e imparables tus fuerzas, infundiéndoles el espíritu de la campaña, dándoles una misión que cumplir y dejándolas rodar.

CLAVES PARA LA GUERRA

El hecho de que, históricamente hablando, los ejércitos más exitosos hayan sido los que no convirtieron a sus soldados en autómatas ni intentaron controlar todo desde arriba y concedieron considerable margen de acción a sus subcomandantes, ha sido abundantemente demostrado. Los centuriones y tribunos militares romanos; los mariscales de Napoleón; los comandantes del ejército de Moltke; los destacamentos de asalto de Ludendorff... Todos éstos son ejemplos, cada cual en su etapa de desarrollo tecnológico, de cómo se hacían las cosas en algunas de las fuerzas militares más exitosas de la historia.

Command in War, MARTIN VAN CREVELD, 1985.

La esencia de la estrategia no es ejecutar un brillante plan que proceda por pasos; es ponerte en situaciones en las que tengas más opciones que el enemigo. Una organización rígida y centralizada te encierra en estrategias lineales; un ejército fluido y segmentado te da opciones. La estructura *es* estrategia, quizá la decisión estratégica más importante que habrás de tomar. Si heredas un grupo, analiza su estructura y altérala para adecuarla a tus propósitos. Vierte tu energía creativa en su organización, haciendo de la fluidez tu meta.

El estado mayor alemán, en activo desde 1808 hasta fines de la segunda guerra mundial, periodo durante el cual los alemanes derrotaron a otros ejércitos, debería ser el modelo organizacional para cualquier grupo que busque movilidad y profundidad estratégica. Primero, la estructura de ese estado mayor era fluida, lo que permitía a sus líderes adaptarla a sus necesidades. Segundo, se le examinaba constantemente, y se le modificaba de acuerdo con lo aprendido. Tercero, reproducía su estructura en el resto del ejército: sus oficiales adiestraban a los oficiales bajo sus órdenes, y así sucesivamente a lo largo de la línea. Hasta al equipo más pequeño se le inculcaba la filosofía general del grupo. Por último, más que emitir órdenes rígidas, el estado mayor abrazaba el mando de misiones: una declaración de la misión general, una directiva por seguir en su espíritu, no al pie de la letra. Como esta táctica hacía que oficiales y soldados se sintieran más creativamente comprometidos, el rendimiento de éstos mejoraba y el proceso de toma de decisiones se agilizaba. La movilidad estaba inscrita en el sistema.

La clave es una filosofía grupal general. Ésta puede elaborarse alrededor de la causa que defiendes o de la convicción de que el enemigo que enfrentas es nocivo. Debes unir al grupo en torno a esa convicción. Busca ejercicios para incrementar el conocimiento y la confianza entre tus soldados. Esto desarrollará en ellos habilidades implícitas de comunicación, y su sentido intuitivo de qué hacer después. No confundas una sociable atmósfera de club con el espíritu y la cohesión. Mimar a tus soldados y actuar como si todos fueran iguales arruinará la disciplina y promoverá la formación de facciones.

La filosofía de mando de Patton era: "Nunca digas a la gente cómo hacer las cosas. Dile qué hacer y te sorprenderá con su ingenio".
Patton: A Genius for War,
CARLO D'ESTE, 1995

Finalmente, debes estructurar tu grupo de acuerdo con las fortalezas y debilidades de tus efectivos, con sus circunstancias sociales. No pelees con la idiosincrasia de tus soldados; conviértela más bien en virtud, un medio para incrementar tu fuerza potencial.

Imagen: *La telaraña. Casi todos los animales atacan en línea recta; la araña teje una tela, adaptada al sitio e hilada en figura, simple o compleja. Una vez tejida la tela, misión cumplida. La araña no necesita cazar; espera sencillamente a que caiga un incauto en los hilos apenas visibles de su red.*

Autoridad: *Desplázate cuando te convenga y crea cambios de situación mediante la dispersión o la concentración de fuerzas. En campaña has de ser rápido como el viento; si avanzas en pequeñas etapas, majestuoso como el bosque; en la incursión y el pillaje, semejante al fuego* [...] *Insondable como las nubes, desplázate como el rayo.* —*El arte de la guerra*, Sun-tzu (siglo IV a. C.).

LEY

7

TRANSFORMA TU GUERRA EN UNA CRUZADA

ESTRATEGIAS PARA LA MORAL

El secreto para motivar a la gente y mantener alta su moral es lograr que piense menos en sí misma y más en el grupo. Involúcrala en una causa, una cruzada contra el enemigo detestable. Haz que relacione su sobrevivencia con el éxito del ejército en su conjunto. En un grupo verdaderamente unido, el ánimo y las emociones son tan contagiosos que resulta fácil propagar entusiasmo entre tus tropas. Ponte al frente: que tus soldados te vean en las trincheras, haciendo sacrificios por la causa. Eso los llenará del deseo de emularte y agradarte. Haz que tus premios y castigos sean raros pero significativos. Recuerda: un ejército motivado puede obrar maravillas, compensando toda falta de recursos materiales.

EL ARTE DEL MANEJO DEL SOLDADO

No puedes hacer nada con un ejército que es una amalgama de un centenar de personas aquí, un centenar de personas allá, y así sucesivamente. Lo que puede lograrse con cuatro mil hombres, unidos codo con codo, no podrás hacerlo con cuarenta o aun cuatrocientos mil que estén divididos y vayan de un lado a otro por conflictos internos...
Rules of War and Bravery, MUBARAKSHAH, Persia, siglo XIII

Los seres humanos somos egoístas por naturaleza. Nuestras primeras ideas en cualquier situación giran alrededor de nuestros intereses: "¿Cómo *me* afectará esto? ¿De que *me* servirá?". Al mismo tiempo, por necesidad, tratamos de encubrir ese egoísmo haciendo que nuestros motivos parezcan altruistas y desinteresados. Nuestro inveterado egoísmo y nuestra capacidad de encubrirlo son problemas para ti como líder. Tal vez piensas que la gente que trabaja para ti es genuinamente entusiasta y atenta; eso es lo que ella dice, eso es lo que sus acciones sugieren. Luego, poco a poco ves signos de que tal o cual persona usa su posición en el grupo para promover intereses puramente personales. Un día despiertas para descubrirte dirigiendo un ejército de individuos egoístas e indiferentes.

Es entonces cuando empiezas a pensar en la moral: en buscar una manera de motivar a tus tropas y forjar un grupo con ellas. Quizá trates diestramente de elogiar a la gente, de ofrecerle la posibilidad de premios, sólo para descubrir que la has viciado, reforzando su egoísmo. Tal vez pruebes los castigos y la disciplina, sólo para volverla rencorosa y defensiva. Quizá trates de encenderla con discursos y actividades grupales, pero hoy en día la gente es cínica; desconfiará de ti.

El problema no es lo que haces, sino que llega tarde. Empezaste a pensar en la moral sólo después de que se volvió un problema, no antes. Ése es tu error. Aprende de los grandes motivadores y jefes militares de la historia: el medio para lograr que los soldados trabajen en común y mantengan alta la moral es hacerles sentir que forman parte de un grupo que lucha por una causa valiosa. Eso los distrae de sus propios intereses y satisface su necesidad humana de sentirse parte de algo más grande que ellos mismos. Cuanto más piensan en el grupo, menos piensan en ellos. Pronto comienzan a asociar su éxito con el del grupo; sus intereses y los intereses generales coinciden. En este tipo de ejército, la gente sabe que la conducta egoísta la deshonrará a ojos de sus compañeros. Se sintoniza con una especie de conciencia grupal.

¡Qué armadura más poderosa que un corazón sin tacha! Tres veces más resguardado se halla que aquel que únicamente riñe y, no desnudo, sino preso está en el acero, con la conciencia podrida por la injusticia.

La vida de Enrique V, WILLIAM SHAKESPEARE, 1564-1616

La moral es contagiosa: pon a la gente en un grupo unido y animado y contraerá naturalmente ese espíritu. Si se rebela o reincide en su conducta egoísta, será fácil aislarla. Debes establecer esta dinámica desde el momento mismo en que te conviertas en líder del grupo; esto sólo puede proceder de la cima —es decir, de ti.

La capacidad de crear la dinámica grupal correcta, de mantener el espíritu colectivo, se conoce en el lenguaje militar como "manejo del soldado".

Para crear la mejor dinámica grupal y prevenir problemas de moral destructiva, sigue estos ocho pasos cruciales, extraídos de los textos y experiencias de los maestros de este arte.

Paso 1: Une a tus tropas en torno a una causa. Haz que luchen por una idea. Ahora más que nunca, la gente está ansiosa de creer en algo. Siente un vacío, que, abandonada a sus recursos, podría tratar de llenar con drogas o modas espirituales. Tú puedes aprovechar eso canalizándolo a una causa por la que convenzas que vale la pena luchar. Une a la gente en torno a una causa y crearás una fuerza motivada.

Esa causa puede ser cualquiera, pero debes representarla como progresista: va con la época, apunta al futuro, así que está destinada al éxito. Si es necesario, dale un toque de espiritualidad. Es conveniente tener un enemigo al cual odiar; un enemigo puede ayudar a un grupo a definirse por oposición. Ignora este paso y tendrás un ejército de mercenarios. Merecerás el destino que suele aguardar a esos ejércitos.

Paso 2: Mantén lleno su estómago. La gente no puede permanecer motivada si sus necesidades materiales no son satisfechas. Si se siente explotada en cualquier forma, su egoísmo natural saldrá a la superficie y ella empezará a desprenderse del grupo. Usa una causa —algo abstracto o espiritual— para unirla, pero satisface sus necesidades materiales. No tienes que mimarla, pagándole de más; una sensación paternalista de que se cuida de ella, de que piensas en su bienestar, es más importante. Atender sus necesidades físicas facilitará pedir más de ella cuando llegue el momento.

Paso 3: Ponte al frente. El entusiasmo con que la gente se suma a una causa decae inevitablemente. Algo que acelera esa pérdida, y produce descontento, es la sensación de que los líderes no practican lo que predican. Desde el principio, tus tropas deben verte dirigiendo al frente, compartiendo sus peligros y sacrificios, tomando la causa tan en serio como ellas. En vez de empujarlas desde atrás, haz que corran para seguirte el paso.

Paso 4: Concentra su *ch'i*. Hay una creencia china en una energía llamada *ch'i*, la cual habita en todos los seres vivos. Todos los grupos tienen su propio nivel de *ch'i*, físico y psicológico. Un líder debe conocer esa energía y saber cómo manipularla.

El ocio tiene un terrible efecto en la *ch'i*. Cuando los soldados no trabajan, su temple disminuye. Se cuelan entonces las dudas, y se imponen intereses egoístas. De igual forma, estar a la defensiva, siempre esperando y reaccionando a lo que el enemigo hace, también reducirá

Siempre hay momentos en que el lugar del comandante no es la retaguardia con su estado mayor, sino la vanguardia con sus tropas. Es un gran disparate decir que mantener la moral de los soldados es obra exclusiva del comandante del batallón. A mayor rango, mayor efecto del ejemplo. Los soldados tienden a no sentir ningún tipo de conexión con un comandante que saben sentado en el cuartel. Lo que desean es lo que podría llamarse contacto físico con él. En momentos de pánico, fatiga o desorganización, o cuando se les tiene que exigir algo fuera de lo normal, el ejemplo personal del comandante obra maravillas, especialmente si ha tenido la prudencia de crear una especie de leyenda a su alrededor.
Mariscal de campo ERWIN ROMMEL, 1891-1944

la *ch'i*. Así pues, mantén ocupados a tus soldados, actuando por un propósito, moviéndose en una dirección. No los hagas esperar al siguiente ataque; propulsarlos los estimulará y les dará hambre de batalla. La acción agresiva concentra la *ch'i*, y la *ch'i* concentrada está llena de fuerza latente.

Paso 5: Pon en juego sus emociones. La mejor manera de motivar a la gente no es mediante la razón, sino mediante la emoción. Los seres humanos, sin embargo, somos naturalmente defensivos, y si tú empiezas apelando a sus emociones —con una arenga histriónica—, te considerarán manipulador y se replegarán. Una apelación a las emociones necesita preparación: baja sus defensas —y hazlos unirse como grupo— montando un espectáculo, entreteniéndolos, contándoles una historia. Tendrán entonces menos control sobre sus emociones y podrás abordarlos en forma más directa, moviéndolos fácilmente de la risa al enojo o al odio. Los maestros del manejo del soldado poseen un sentido dramático: saben cuándo y cómo darles a sus tropas en lo más profundo.

Paso 6: Combina severidad con benevolencia. La clave del manejo del soldado es un equilibrio entre castigo y premio. Demasiados premios viciarán a tus soldados y harán que te den por descontado; demasiados castigos destruirán su moral. Debes hallar el equilibrio correcto. Haz rara tu benevolencia, incluso un ocasional comentario cordial o acto generoso será poderosamente significativo. Enojo y castigo deben ser igualmente raros; tu severidad debe adoptar en cambio la forma de fijación de normas muy altas que pocos puedan alcanzar. Haz que tus soldados compitan por agradarte. Hazlos esforzarse por ver menos severidad y más benevolencia.

Paso 7: Crea el mito del grupo. Los ejércitos con la moral más alta son los probados en batalla. Los soldados que han combatido uno junto a otro en muchas campañas forjan una especie de mito grupal basado en sus victorias pasadas. Hacer honor a la tradición y fama del grupo se vuelve cuestión de orgullo; quien la denigre se sentirá avergonzado. Para generar este mito, lanza a tus tropas a tantas campañas como puedas. Es prudente comenzar por batallas fáciles que puedan ganar, lo que afianzará su seguridad en sí mismas. El mero éxito ayudará a unir al grupo. Crea símbolos y lemas acordes con el mito. Tus soldados querrán tener sentido de pertenencia.

Paso 8: Sé implacable con los quejumbrosos. Permite cualquier margen a los quejumbrosos y los crónicamente desafectos y esparcirán inquietud, y hasta pánico, en todo el grupo. Aíslalos y deshazte de ellos tan pronto como puedas. Todos los grupos contienen un núcleo de personas más motivadas y disciplinadas que el resto: tus mejores soldados. Reconócelos, cultiva su buena disposición y ponlos como ejemplo. Estas personas servirán como contrapeso natural a los desafectos y los espantadizos.

Imagen: *La marea. Baja y sube tan poderosamente que nada en su camino puede escapar u oponerse a su impulso. Como la luna, eres la fuerza que controla a la marea, la cual arrastra todo a su paso.*

Autoridad: *Por el Camino se ha de instar a la tropa a compartir el propósito del alto mando, a fin de que comparta muerte y vida, sin miedo al peligro.* —Sun-tzu (siglo IV a. C.)

Parte III

Guerra defensiva

Combatir en forma defensiva no es signo de debilidad; es el culmen de la sabiduría estratégica, un eficaz estilo de librar una guerra. Sus requisitos son simples: primero, debes sacar el máximo provecho de tus recursos, contendiendo con perfecta economía y sólo participando en batallas necesarias. Segundo, debes saber cómo y cuándo retirarte, induciendo a un enemigo agresivo a un ataque imprudente. Luego, tras esperar con paciencia su momento de fatiga, lanza un bravo contrataque.

Para combatir de esta manera debes dominar las artes del engaño. Aparentando ser más débil de lo que eres, puedes incitar al enemigo a un ataque desaconsejable; aparentando ser más fuerte, puedes disuadir al enemigo de atacarte. En la guerra defensiva esencialmente conviertes tus debilidades y limitaciones en poder y victoria.

Los cuatro capítulos siguientes te instruirán en las artes básicas de la guerra defensiva: economía de medios, contrataque, intimidación y disuasión, y en cómo retirarte hábilmente y ocultarte cuando estés bajo un ataque agresivo.

LEY

8

ELIGE CUIDADOSAMENTE TUS BATALLAS

LA ESTRATEGIA DE LA ECONOMÍA PERFECTA

Todos tenemos limitaciones: nuestra energía y habilidades nos llevarán sólo tan lejos como aquéllas lo permitan. Es peligroso tratar de rebasar nuestros límites. Seducidos a extralimitarnos por un premio deslumbrante, terminamos rendidos y vulnerables. Tú debes conocer tus límites y elegir cuidadosamente tus batallas. Considera los costos ocultos de una guerra: tiempo perdido, capital político desperdiciado, un enemigo encarnizado resuelto a vengarse. A veces es mejor esperar, minar disimuladamente a tus enemigos en vez de atacarlos de frente. Si la batalla no puede evitarse, haz que peleen bajo tus condiciones. Apunta a sus debilidades; vuelve la guerra costosa para ellos y barata para ti. Contendiendo con perfecta economía, puedes sobrevivir hasta al más poderoso enemigo.

CLAVES PARA LA GUERRA

En la antigüedad, los que eran llamados expertos en el arte de la guerra ganaban a un enemigo fácil de vencer. Por este motivo, las victorias conseguidas por un maestro del arte militar no le proporcionaban ni la reputación de ser sabio, ni el mérito de ser valiente. Porque consigue sus victorias sin divagaciones. "Sin divagaciones" significa que, haga lo que haga, tiene asegurada la victoria; vence a un enemigo derrotado.

El arte de la guerra, SUN-TZU, siglo IV a.C.

La abundancia nos vuelve blandos y decadentes, hartos de lo que tenemos y en necesidad de constantes sacudidas para recordarnos que estamos vivos. En la vida debes ser un guerrero, y la guerra requiere realismo. Aunque hay quienes encuentran belleza en sueños interminables, los guerreros la hallan en la realidad, en la conciencia de los límites, en sacar el mayor provecho de lo que tienen. Buscan la perfecta economía de movimientos y ademanes, el modo de dotar a sus golpes del mayor vigor con la menor inversión de esfuerzo. Su conciencia de que sus días están contados —de que podrían morir en cualquier momento— los ubica en la realidad.

Los ejércitos que parecen tener ventaja en dinero, recursos y potencia de fuego tienden a ser predecibles. Al depender de su equipo, no del conocimiento y la estrategia, se desmadejan mentalmente. Cuando surgen problemas, su solución es acumular más de lo que ya tienen. Pero no es lo que tienes lo que te da la victoria, sino cómo lo uses. Cuando tienes menos, eres naturalmente más inventivo. La creatividad te da una ventaja sobre enemigos que dependen de la tecnología; aprenderás más, serás más adaptable y los burlarás. Imposibilitado de desperdiciar tus limitados recursos, los usarás bien. El tiempo será tu aliado.

Si tienes menos que tu enemigo, no desesperes. Siempre puedes cambiar la situación practicando la economía perfecta. Si tu enemigo y tú son iguales, asegurar más armamento importa menos que hacer mejor uso de lo que tienes. Si tienes más que tu enemigo, combatir económicamente es más importante que nunca.

La guerra es un equilibrio de fines y medios: un general podría tener el mejor plan para alcanzar cierto fin, pero a menos que disponga de los medios para cumplirlo, su plan es inútil. Así pues, los generales prudentes de todas las épocas han aprendido a comenzar por examinar los medios que tienen a la mano y a desarrollar su estrategia a partir de esos instrumentos.

La siguiente vez que lances una campaña, prueba un experimento: no pienses en tus sólidas metas ni en tus grandes sueños, ni planees tu estrategia sobre el papel. En cambio, piensa profundamente en lo que tienes: los instrumentos y materiales con que trabajarás. No te bases en sueños y planes, sino en la realidad: piensa en tus propias habilidades, cualquier ventaja política que puedas tener, la moral de tus tropas, qué tan creativamente puedes usar los medios a tu disposición. Luego, a partir de ese proceso, deja que tus planes y metas florezcan. Tus estrategias serán no sólo más realistas, sino también más inventivas y vigorosas. Soñar primero en lo que quieres y tratar de encontrar después los medios para alcanzarlo es una receta para el agotamiento, el desperdicio y la derrota.

No confundas baratura con economía perfecta; ejércitos han fracasado por gastar poco tan a menudo como por gastar mucho. Economía perfecta no significa atesorar tus recursos. Eso no es economía sino miseria, mortal en la guerra. Economía perfecta significa buscar un punto intermedio, un nivel en el que tus golpes cuenten pero sin extenuarte. Economizar en exceso te desgastará más, porque la guerra se prolongará, sus costos aumentarán, sin que puedas dar siquiera un puñetazo noqueador.

Varias tácticas se prestan a la economía en el combate. La primera es el uso del engaño, que cuesta relativamente poco pero puede rendir poderosos resultados. El engaño puede ser un gran compensador para el bando

A continuación Aquiles derrotó a los troyanos y los persiguió hacia la ciudad, pero su destino estaba ya también decidido. Poseidón y Apolo se comprometieron a vengar la muerte de Cicno y Troilo y a castigar ciertas jactancias insolentes que Aquiles había pronunciado sobre el cadáver de Héctor, y se consultaron. Velado con una nube y apostado junto a la Puerta Escea, Apolo buscó a Paris en lo más reñido del combate, dirigió su arco y guió la flecha fatal. Fue a clavarse en la única parte vulnerable del cuerpo de Aquiles, el talón derecho, y murió con terribles dolores.

Los mitos griegos, vol. 2,
ROBERT GRAVES, 1955

débil. Sus artes incluyen la recolección de inteligencia, la difusión de información falsa y el uso de propaganda para volver la guerra más impopular dentro del campamento enemigo.

Segundo, busca adversarios que puedas batir. Evita enemigos que no tengan nada que perder; se empeñarán en derribarte a cualquier costo. Victorias fáciles elevan la moral, desarrollan tu fama, te dan impulso y, sobre todo, no te cuestan mucho.

Habrá ocasiones en que tus cálculos sean errados; una campaña aparentemente fácil se vuelve difícil. No todo puede preverse. Así, no sólo es importante que elijas cuidadosamente tus batallas, sino también que sepas cuándo aceptar tus pérdidas y retirarte. No actúes por frustración y orgullo. Es demasiado lo que está en juego.

Combatir con perfecta economía generará impulso. Concibe esto como buscar tu propio nivel: un equilibrio perfecto entre aquello de lo que eres capaz y la tarea en cuestión. Conocer tus límites los ampliará; sacar el mayor provecho de lo que tienes te permitirá tener más.

Toda limitación tiene su valor, pero una limitación que exija un esfuerzo persistente acarrea consigo un desgaste de gran energía. Sin embargo, cuando la limitación es natural (como la limitación por la cual el agua fluye sólo hacia abajo de la montaña), necesariamente conduce al éxito, porque entonces significa un ahorro de energía. La energía que, de otra manera, se consumiría en una lucha vana con el objeto, se aplica totalmente en beneficio del asunto de que se trata y entonces el éxito es seguro.

I Ching, China, circa siglo VIII a. C.

Imagen: *El nadador. El agua ofrece resistencia; no puedes moverte más rápido. Algunos golpean el agua tratando de generar velocidad, pero sólo hacen olas y crean resistencia a su paso. Otros son muy delicados; patean tan suavemente que apenas se mueven. Los nadadores consumados tocan la superficie con perfecta economía, manteniendo el agua lisa y nivelada frente a ellos. Se mueven tan rápido como el agua se lo permite y cubren grandes distancias a un ritmo sostenido.*

Autoridad: *El valor de una cosa no reside a veces en lo que se alcanza con ella, sino en lo que se paga por ella: lo que nos cuesta.* —Friedrich Nietzsche (1844-1900)

LEY

9

INVIERTE LAS POSICIONES

LA ESTRATEGIA DEL CONTRATAQUE

Actuar primero —iniciar el ataque— te pondrá a menudo en desventaja: expones tu estrategia y limitas tus opciones. Descubre en cambio el poder de la contención y permite que la otra parte actúe primero, lo que te dará la flexibilidad de contratacar desde cualquier ángulo. Si tus adversarios son agresivos, indúcelos a un ataque apresurado que los deje en una posición débil. Aprende a usar su impaciencia, su ansia de atraparte, como medio para desbalancearlos y derribarlos. En momentos difíciles, no desesperes ni te retires: toda situación puede cambiar por completo. Si aprendes a contenerte, aguardando el momento indicado para lanzar un contrataque inesperado, tu debilidad puede convertirse en fortaleza.

CLAVES PARA LA GUERRA

Una transición rápida y vigorosa hacia el ataque —la espada centellante de la venganza— es el punto más brillante de la defensa.
CARL VON CLAUSEWITZ, 1780-1831

Hace miles de años, en el amanecer de la historia militar, varios estrategas de diferentes culturas percibieron un fenómeno peculiar: en la batalla, el bando que estaba a la defensiva solía ganar al final. Parecía haber varias razones de esto. Primero, una vez que el agresor pasaba al ataque, no tenía más sorpresas en reserva; el defensor podía ver claramente su estrategia y emprender acciones de protección. Segundo, si por cualquier motivo el defensor podía repeler ese ataque inicial, el agresor quedaba en posición débil; su ejército estaba desorganizado y exhausto. (Se requiere más energía para tomar un territorio que para preservarlo.) Si los defensores aprovechaban esa debilidad para dar un contragolpe, a menudo podían forzar al agresor a retirarse.

Con base en esas observaciones se desarrolló el arte del contrataque. Sus preceptos básicos eran permitir que el enemigo dé el primer paso, inducirlo activamente a un ataque agresivo que agote su energía y desequilibre sus líneas y luego aprovechar su debilidad y desorganización.

El contrataque es, de hecho, el origen de la estrategia moderna. Primer ejemplo real de método bélico indirecto, representa un gran adelanto intelectual: en vez de ser brutal y directo, es sutil y engañoso, usando la energía y agresión del enemigo para causar su ruina. Aunque es una de las estrategias más antiguas y esenciales en la guerra, sigue siendo en muchos sentidos la más eficaz, y ha demostrado ser sumamente adaptable a condiciones modernas.

El principio del contrataque es infinitamente aplicable a cualquier medio competitivo o forma de conflicto, ya que se basa en ciertas verdades de la naturaleza humana.

Somos criaturas inherentemente impacientes. Nos resulta difícil esperar, queremos que nuestros deseos se cumplan lo más pronto posible. Ésta es una debilidad tremenda, pues significa que, en una situación dada, a menudo nos comprometemos sin pensar lo suficiente. Al atacar limitamos nuestras opciones y nos metemos en problemas. La paciencia, por el contrario, particularmente en la guerra, rinde dividendos ilimitados: nos permite oler oportunidades, elegir el momento adecuado para un contragolpe que tome por sorpresa al enemigo. Una persona que puede contenerse y esperar el momento indicado para entrar en acción casi siempre tendrá una ventaja sobre quienes ceden a su impaciencia natural.

Una vez que aprendes a ser paciente, tus opciones se amplían de súbito. En vez de desgastarte en guerritas, puedes ahorrar tu energía para el momento indicado, aprovechar los errores de los demás y pensar con claridad en situaciones difíciles. Verás oportunidades de contrataque donde otros sólo ven rendición o retirada.

La clave para el contrataque exitoso es mantener la calma mientras tu adversario se frustra e irrita. En el Japón del siglo XVI emergió una novedosa manera de pelear llamada *shinkage*: el espadachín iniciaba el combate reproduciendo cada movimiento del adversario. Imitar a la gente —devolverle justo lo que te da— es un eficaz método de contrataque. En la vida diaria, la imitación y la pasividad pueden deleitar a la gente, induciéndola a reducir sus defensas y exponerse al ataque. También pueden irritarla y desconcertarla.

El contrataque es una estrategia particularmente efectiva contra lo que podría llamarse "el bárbaro": el hombre o mujer especialmente agresivo por naturaleza. No te dejes intimidar por ese tipo de personas; en realidad son débiles y fáciles de desestabilizar y engañar. El

Cuando el enemigo se halla en un aprieto y quiere comprometernos en la batalla decisiva, aguarda; cuando es ventajoso para el enemigo pero no para nosotros pelear, aguarda; cuando es conveniente permanecer quieto y quienquiera que se mueva primero caerá en peligro, aguarda; cuando dos enemigos participan en una contienda que resultará en derrota o daño, aguarda; cuando las fuerzas del enemigo, aunque numerosas, sufren desconfianza y tienden a conspirar unas contra otras, aguarda; cuando el comandante del enemigo, aunque sabio, es estorbado por una parte de su cohorte, aguarda.

The Wiles of War: 36 Military Strategies from Ancient China, traducción de SUN HAICHEN, 1991

truco es incitarlas mostrándote débil o estúpido mientras agitas frente a ellas la perspectiva de fáciles avances.

Busca la emoción que tus enemigos son menos capaces de controlar, y hazla salir a la superficie. Con un poco de trabajo de tu parte, se expondrán por completo a tu contrataque.

Cada vez que te pones a la defensiva o estás en problemas, tu mayor riesgo es el impulso a exagerar. Exagerarás a menudo la fuerza de tu enemigo, viéndote más débil de lo que en realidad eres. Un principio clave del contrataque es no ver nunca una situación como irremediable. Sin importar qué tan fuertes parezcan tus enemigos, tienen vulnerabilidades que puedes explotar y usar para desarrollar un contrataque. Tu propia debilidad puede convertirse en fortaleza si actúas correctamente.

Un enemigo parece poderoso porque tiene una fortaleza o ventaja particular. Tal vez sea su dinero y recursos; tal vez el tamaño de su ejército o de su territorio; tal vez, más sutilmente, su postura moral y su buena fama. Sea cual fuere su fortaleza, en realidad es una debilidad potencial, simplemente porque depende de ella: neutralízala y será vulnerable.

Mientras neutralizas las fortalezas de tu enemigo, debes revertir de igual manera tus debilidades. Si tus fuerzas son reducidas, por ejemplo, también son móviles; usa esa movilidad para contratacar. Quizá tu buena fama sea menor que la de tu adversario; esto simplemente significa que tienes menos que perder. Arroja lodo; parte de él se adherirá, y gradualmente tu enemigo se hundirá hasta estar a tu nivel. Busca siempre maneras de convertir tu debilidad en ventaja.

La noción de "pillar" (utsuraseru) se aplica a muchas cosas: al bostezo y la somnolencia, por ejemplo. El tiempo también puede "pillar". En una batalla a gran escala, cuando el enemigo es inquieto e intenta dar rápida conclusión a la batalla, no prestes atención. Intenta fingir, en cambio, que estás tranquilo y sereno, sin la imperiosa necesidad de terminar la batalla. El enemigo se verá afectado entonces por tu actitud tranquila y moderada y estará menos alerta. Cuando este "pillar" ocurra, ejecuta rápidamente un fuerte ataque para derrotarlo [...] También existe un concepto llamado "embriagarse", similar a la noción de "pillar". Puedes hacer que tu adversario se sienta aburrido, despreocupado o de ánimo débil. Deberás estudiar bien estas materias.

El libro de los cinco anillos, MIYAMOTO MUSASHI, 1584-1645

Imagen: *El toro. Es enorme, de mirada intimidatoria, y sus cuernos pueden perforar tu piel. Atacarlo y tratar de huir es igualmente fatal. No te muevas; deja que cargue con tu capote, sin darle con qué topar, volviendo inútiles sus cuernos. Enójalo e irrítalo; entre más intensa y furiosamente ataque, más pronto se cansará. Llegará un momento en que puedas invertir el juego y pasar a la acción, trinchando a la bestia antes temible.*

Autoridad: *Todo el arte de la guerra se reduce a una defensiva razonada y extremadamente circunspecta, seguida por un ataque rápido y audaz.* —Napoleón Bonaparte (1769-1821)

LEY

10

CREA UNA PRESENCIA AMENAZANTE

ESTRATEGIAS DE DISUASIÓN

La mejor manera de repeler agresores es impedir que te ataquen en primer término. Para lograrlo debes crear la impresión de ser más poderoso de lo que eres. Hazte fama de estar un poco loco. No es prudente combatirte. Cuando pierdes, te llevas contigo a tus enemigos. Crea esa fama y vuélvela creíble con algunos actos impresionantes: impresionantemente violentos. A veces la incertidumbre es mejor que la amenaza expresa; si tus adversarios nunca están seguros de cuánto les costará meterse contigo, no querrán averiguarlo. Juega con los temores y ansiedades naturales de la gente, para que lo piense dos veces.

INTIMIDACIÓN INVERSA

Si tu organización es pequeña en número, haz lo que Gedeón: oculta a sus integrantes en la oscuridad, pero produce un escándalo y clamor que hagan creer a quien los escuche que tu organización es mucho mayor [...] Recuerda siempre la primera regla de la táctica del poder: El poder no es sólo el que tienes en realidad, sino el que el enemigo cree que tienes.
Rules for Radicals, SAUL D. ALINSKY, 1972

Inevitablemente, en la vida te encontrarás con personas más agresivas que tú, personas astutas y crueles determinadas a conseguir lo que desean. Combatirlas de frente es generalmente disparatado; pelear es justo para lo que son buenas y, además, son inescrupulosas. Es probable que pierdas. Tratar de detenerlas dándoles parte de lo que persiguen, o complaciéndolas de otra manera, es una receta para el desastre: no harás sino mostrar tu debilidad, invitando más amenazas y ataques. Pero ceder por completo, rendirte sin pelear, les brinda la fácil victoria que anhelan y te vuelve resentido y amargado. También puede convertirse en una mala costumbre, el camino de menor resistencia en el manejo de situaciones difíciles.

En vez de tratar de evitar el conflicto o de quejarte de la injusticia de todo esto, considera una opción desarrollada a lo largo de los siglos por jefes y estrategas militares para enfrentar a vecinos violentos y codiciosos: la intimidación inversa. Este arte de disuasión se apoya en tres realidades básicas de la guerra y la naturaleza humana: primero, es más probable que la gente te ataque si te juzga débil o vulnerable. Segundo, no puede estar segura de que eres débil; depende de las señales que tú le das, por medio de tu conducta tanto presente como pasada. Tercero, la gente busca victorias fáciles, rápidas e incruentas. Por eso abusa de los vulnerables y los débiles.

La disuasión es cuestión simplemente de invertir esta dinámica, alterando cualquier percepción de ti como débil e ingenuo y enviando el mensaje de que la batalla contigo no será tan fácil como se cree. Esto se logra, por lo general, emprendiendo una acción visible que confunda a los agresores y les haga creer que te malinterpretaron:

tal vez seas vulnerable, pero ya no estarán seguros. Disfrazas tu debilidad y los distraes.

Esta forma de guerra defensiva es infinitamente aplicable a las batallas de la vida diaria. Aplacar a la gente puede ser tan extenuante como combatirla; disuadirla, haciéndola que tema atacarte o interponerse en tu camino, te ahorrará valiosa energía y recursos. Para disuadir a los agresores debes volverte experto en el engaño, la manipulación de las apariencias y las percepciones sobre ti, valiosas habilidades que pueden aplicarse a todos los aspectos de la guerra diaria. Y, finalmente, practicando este arte cuando sea necesario, te harás fama de duro, digno de respeto y temor.

Los siguientes son cinco métodos básicos de disuasión e intimidación inversa. Puedes usar todos ellos en la guerra ofensiva, pero son particularmente eficaces en la defensa, en momentos en que te ves vulnerable y bajo ataque. Provienen de las experiencias y textos de los principales maestros de este arte.

Extremar es [...] crear deliberadamente un riesgo reconocible, un riesgo que no se controla por completo. Es la táctica de permitir en forma deliberada que la situación se escurra un poco entre las manos, sólo porque este escurrimiento puede ser intolerable para la otra parte y forzar su ajuste. Significa hostigar e intimidar a un adversario exponiéndolo a un riesgo compartido, o disuadiéndolo al dejarle ver que si hace un acto contrario, podría molestarnos tanto como para despeñarnos, lo queramos o no, arrastrándolo con nosotros.

Thinking Strategically, AVINASH K. DIXIT y BARRY J. NALEBUFF, 1991

Sorprende con una maniobra osada. La mejor manera de ocultar tu debilidad e inducir a tus enemigos a renunciar a su ataque es emprender una acción inesperada, osada y riesgosa. Quizá pensaron que eras vulnerable, pero ahora actúas como alguien intrépido y seguro de sí. Esto tendrá dos efectos positivos: primero, tenderán a pensar que tu acto se basa en algo real; no te creerán tan tonto como para hacer algo audaz sólo para causar efecto. Segundo, empezarán a ver en ti fortalezas y amenazas que no habían imaginado.

Invierte la amenaza. Si tus enemigos te consideran asustadizo, invierte la situación con un acto súbito, por modesto que sea, destinado a atemorizar. Amenaza algo que valoran. Dales donde crees que pueden ser vulnerables, y haz que les duela. Si esto los enfurece y los empuja a atacarte, retrocede un momento y vuelve a darles después, cuando no se lo esperen. Demuéstrales que no les temes y que eres capaz de una crueldad que no habían visto en ti.

Cierta persona dijo lo siguiente: Hay dos tipos de disposiciones, interna y externa, y una persona que carece de una u otra es inútil. Es, por ejemplo, como la hoja de una espada, que debe afilarse bien y guardarse después en su vaina, sacándola periódicamente y frunciendo las cejas como en un ataque, limpiando la hoja y colocándola de nuevo en su vaina. Si una persona saca su espada todo el tiempo, blandirá habitualmente una hoja inerme; la gente no se le acercará y no tendrá aliados. Si una espada siempre está envainada, se oxidará, la hoja perderá su filo y la gente pensará lo mismo de su dueño.
Hagakure: el camino del samurái, YAMAMOTO TSUNETOMO, 1659-1720

Aparenta ser impredecible e irracional. En este caso haces algo que sugiera una vena ligeramente suicida, como si pensaras que no tienes nada que perder. Demuestras que estás preparado para hundirte con tus enemigos, destruyendo su fama en el proceso. (Esto es particularmente efectivo con personas que tienen mucho que perder: personas poderosas con una preciada reputación.) Derrotarte será costoso, y tal vez autodestructivo. Esto volverá muy poco atractivo combatirte. Los adversarios dementes son aterradores; nadie quiere pelear con personas impredecibles y que no tienen nada que perder.

Juega con la paranoia natural de la gente. En vez de amenazar abiertamente a tus adversarios, emprende una acción indirecta destinada a hacerlos pensar. Esto podría significar usar un intermediario para enviarles un mensaje: contar una historia inquietante sobre lo que eres capaz de hacer. O tal vez podrías permitirles "inadvertidamente" que te espíen, sólo para oír algo que debería ser causa de preocupación. Hacer pensar a tus enemigos que han descubierto que planeas un contrataque es más efectivo que decírselo tú mismo. Cuantas más amenazas veladas e incertidumbre generes, más los atormentará su imaginación y más peligroso parecerá un ataque en tu contra.

Hazte fama de terrible. Esta fama puede ser de muchas cosas: de ser difícil, obstinado, violento, implacablemente eficiente. Crea esa imagen a lo largo de los años y la gente retrocederá ante ti, tratándote con respeto y un poco de temor. Debes crear tu fama con sumo cuidado, sin permitir inconsistencias. Todo defecto en este tipo de imagen la volverá inútil.

Imagen: *El puercoespín. Parece torpe y lento, presa fácil; pero cuando es amenazado o atacado, saca las púas. Si las tocas, perforarán fácilmente tu piel, y tratar de arrancarlas hará que sus puntas arqueadas se hundan más y causen mayor daño. Quienes se las ven con un puercoespín aprenden a no repetir la experiencia. Aun sin haberlo enfrentado, la mayoría sabe evitarlo y dejarlo en paz.*

Autoridad: *Cuando el enemigo se niega a combatir contigo, es porque lo cree desventajoso para él, o porque lo has empujado a creerlo así.* —Sun-tzu (siglo IV a. C.)

LEY

11

CAMBIA ESPACIO POR TIEMPO

LA ESTRATEGIA DE LA INACCIÓN

El repliegue de cara a un enemigo fuerte no es signo de debilidad, sino de fortaleza. Al resistirte a la tentación de responder al agresor, ganas tiempo valioso: tiempo para recuperarte, pensar, adquirir perspectiva. Deja que tus enemigos avancen; el tiempo es más importante que el espacio. Negándote a pelear, los enfurecerás y alimentarás su arrogancia. Pronto se extralimitarán y empezarán a cometer errores. El tiempo los exhibirá como imprudentes, y a ti como sabio. A veces puedes lograr más no haciendo nada.

CLAVES PARA LA GUERRA

Seis en el cuarto lugar significa: El ejército se retira. No hay nada que censurar. Al enfrentarse con un enemigo superior, con el cual sería inútil entablar pelea, una retirada en orden es el único procedimiento correcto, ya que salvaría al ejército de la derrota y la desintegración. No es ningún signo de valor o de fuerza insistir en una lucha sin esperanza desconociendo las circunstancias.
I Ching, China, circa siglo VIII a. C.

El problema que todos enfrentamos en la estrategia, y en la vida, es que cada uno de nosotros es único y poseee una personalidad única. Nuestras circunstancias también lo son; en realidad, ninguna situación se repite jamás. Pero por lo general apenas si estamos conscientes de lo que nos diferencia; en otras palabras, de lo que en realidad somos.

Tu tarea como estratega es simple: ver las diferencias entre tú y los demás, conocer tu bando y a tu enemigo lo mejor que puedas, para tener una mejor perspectiva de los hechos, conocer las cosas tal como son. En la agitación de la vida diaria, esto no es fácil; la capacidad de hacerlo procede únicamente, en efecto, de saber cuándo y cómo retirarte. Si siempre estás avanzando, atacando, reaccionando emocionalmente a la gente, no tendrás tiempo para adquirir perspectiva.

Cuando peleas con alguien más poderoso que tú, pierdes algo más que tus posesiones y posición; pierdes tu capacidad para pensar claramente, para mantenerte distante y distinto. Te contagias de las emociones y violencia del agresor en formas que no puedes imaginar. Es mejor huir y usar el tiempo que tu fuga te ha ganado para entrar en ti. Deja que el enemigo tome territorios y avance; te recuperarás e invertirás la situación cuando llegue el momento. La decisión de retirarte no muestra debilidad sino fortaleza: es el culmen de la sabiduría estratégica.

La mayoría responde a la agresión involucrándose de alguna manera en ella. Es casi imposible contenerse. Alejándote por completo y retirándote, tú exhibes gran poder y refinamiento. Tus enemigos se desesperan ante tus reacciones; la retirada los enfurece y provoca en ellos nuevos ataques. Así que persiste en tu retirada, cambiando espacio por tiempo. Manténte tranquilo y equilibrado. El tiempo está de tu lado porque no has perdido un segundo en batallas inútiles. El tiempo es tan importante como el espacio en el pensamiento estratégico, y saber cómo usarlo hará de ti un estratega superior, dando una dimensión adicional a tus ataques y defensa. Perder tu tiempo en batallas que no has elegido es más que un error: es una estupidez del mayor orden. El tiempo perdido no se recupera jamás.

Las oportunidades cambian sin cesar. Quienes llegan muy pronto han ido demasiado lejos, mientras que quienes llegan muy tarde no pueden aprovecharlas. Así como el sol y la luna siguen su curso, el tiempo no sigue a la gente. Por lo tanto, los sabios no valoran las grandes cosas tanto como un poco de tiempo. El tiempo es difícil de encontrar y fácil de perder.
Huainanzi, China, siglo II a. C.

Imagen: *Las arenas del desierto. En el desierto no hay nada que comer ni útil para la guerra: sólo arena y espacio vacío. Retírate al desierto ocasionalmente, para pensar y ver con claridad. El tiempo pasa despacio ahí, que es lo que necesitas. Bajo ataque, retrocede al desierto, atrayendo a tus enemigos a un lugar donde pierdan todo sentido del tiempo y el espacio y caigan bajo tu control.*

Autoridad: *En perfecto orden esperan un enemigo desalentado, un enemigo vociferante. Esto es lo que se llama tener de su parte el factor "ánimo".* —Sun-tzu (siglo IV a. C.)

Parte IV

Guerra ofensiva

Los mayores peligros en la guerra, y en la vida, surgen de lo inesperado: la gente no responde como pensaste, los hechos revuelven tus planes y producen confusión, las circunstancias son arrolladoras. En estrategia, esta discrepancia entre lo que quieres que pase y lo que pasa se llama "fricción". La idea detrás de la guerra ofensiva convencional es simple: al atacar a la otra parte primero, golpeando sus puntos vulnerables y tomando la iniciativa para no soltarla jamás, creas tus propias circunstancias. Antes de que cualquier fricción pueda colarse y minar tus planes, pasas a la ofensiva, y tus implacables maniobras imponen tanta fricción en el enemigo que se desploma.

Ésta es la forma de la guerra que han practicado los capitanes más exitosos de la historia, y el secreto de su éxito es una perfecta combinación de astucia estratégica y audacia. El elemento estratégico interviene en la planeación: establecimiento de una meta general, forja de los medios para cumplirla y concepción del plan general en todo detalle.

Los once capítulos siguientes te iniciarán en la forma suprema de la guerra. Te ayudarán a poner tus deseos y metas en un marco más amplio, conocido como "gran estrategia". Te enseñarán a examinar a tus enemigos y descubrir sus secretos. Describirán cómo una sólida base de planeación te dará fluidas opciones para atacar. Por último, te enseñarán cómo poner fin a tu campaña.

LEY

12

PIERDE BATALLAS PERO GANA LA GUERRA

LA GRAN ESTRATEGIA

Cada persona que te rodea es un estratega en busca de poder que trata de promover sus propios intereses, a menudo a tus expensas. Tus batallas diarias con ellas te hacen perder de vista lo único que realmente importa: la victoria final, el cumplimiento de las metas mayores, el poder duradero. La gran estrategia es el arte de ver más allá de la batalla y calcular por adelantado. Requiere que te concentres en tu meta última y planees cómo alcanzarla. En la gran estrategia consideras las ramificaciones políticas y consecuencias a largo plazo de lo que haces. En vez de reaccionar emocionalmente ante la gente, tomas el control, y vuelves tus acciones más dimensionales, sutiles y efectivas. Deja que los demás caigan atrapados en los altibajos de la batalla y se deleiten en sus pequeñas victorias. La gran estrategia te dará la mayor de las recompensas: la de reír al último.

CLAVES PARA LA GUERRA

Epistemológicamente hablando, la fuente de todas las opiniones erróneas sobre la guerra radica en las tendencias idealista y mecanicista [...] Las personas con tales tendencias son subjetivas y parciales en su enfoque de los problemas. Se complacen en un discurso infundado y puramente subjetivo, basándose en un solo aspecto o manifestación temporal [y] magnificándolo con subjetividad similar hasta hacer de él la totalidad del problema [...] Sólo oponiéndonos a las tendencias idealista y mecanicista y adoptando una visión imparcial y objetiva al estudiar la guerra, podemos extraer conclusiones correctas sobre esta cuestión.
Selección de escritos militares, MAO TSE-TUNG, 1893-1976

Hace miles de años, los seres humanos nos elevamos sobre el mundo animal y jamás miramos atrás. En sentido figurado, la clave de ese avance evolutivo fueron los poderes de nuestra visión: el lenguaje, y la capacidad para razonar que éste nos dio, nos permiten ver más del mundo que nos rodea.

En algún punto a lo largo de esa línea, sin embargo, dejamos de evolucionar como criaturas racionales. A pesar de nuestro progreso, siempre hay una parte de nosotros que sigue siendo animal, y esa parte animal sólo puede responder a lo más inmediato en nuestro medio; es incapaz de pensar más allá del momento. Este dilema aún nos afecta: los dos lados de nuestro carácter, racional y animal, están constantemente en guerra, volviendo torpes casi todas nuestras acciones.

Más que nosotros ahora, los antiguos griegos estaban cerca de la transición en la raza humana de lo animal a lo racional. Para ellos, nuestra naturaleza dual nos hacía trágicos, y la fuente de la tragedia era una visión limitada.

Los griegos, sin embargo, también reconocieron el potencial de una posibilidad humana superior. Quienes eran capaces de ver más que los demás, de controlar su naturaleza animal y pensar antes de actuar, eran seres de la especie más profundamente humana, los más aptos para usar las facultades racionales que nos distinguen de los animales. En oposición a la estupidez humana (visión limitada), los griegos imaginaron una prudencia humana ideal. Su símbolo era Odiseo, quien siempre pensaba antes de actuar.

Esta criatura serena, despegada, racional, previsora, llamada "prudente" por los griegos, es lo que aquí llamaremos "gran estratega".

Todos somos hasta cierto punto estrategas: deseamos naturalmente controlar nuestra vida, y tramamos en pos del poder, anhelando consciente o inconscientemente conseguir lo que queremos. En otras palabras, usamos estrategias, pero tienden a ser lineales y reactivas, y a menudo son fracturadas y desviadas por reacciones emocionales. Los estrategas astutos pueden llegar lejos, pero casi todos cometen errores. Si tienen éxito, pierden el sentido y se exceden; si enfrentan reveses —éstos son inevitables en la vida—, son fácilmente arrollados. Lo que pone aparte a los grandes estrategas es la capacidad de ver más profundamente tanto en sí mismos como en los demás, de comprender y aprender del pasado y tener un claro sentido del futuro, al grado de poder predecir. Simplemente ven más, y su amplia visión les permite ejecutar planes, a veces, durante largos periodos.

Olvido de nuestros objetivos. *Durante el trayecto, comúnmente olvidamos la meta. Casi toda profesión se elige e inicia como un medio para un fin, pero se continúa como un fin en sí misma. Olvidar nuestros objetivos es el más frecuente de todos los actos de la estupidez.*

FRIEDRICH NIETZSCHE, 1844-1900

En un mundo en el que la gente es crecientemente incapaz de pensar en forma lógica y es más animal que nunca, la práctica de la gran estrategia te elevará al instante sobre los demás.

Convertirte en un gran estratega no implica años de estudio ni una transformación total de tu personalidad. Simplemente significa un uso más eficaz de lo que tienes: tu mente, tu racionalidad, tu visión. En tiempos antiguos, estrategas e historiadores —de Sun-tzu a Tucídides— tomaron conciencia de ese recurrente patrón autodestructivo en la guerra y empezaron a idear maneras más racionales de combatir. El primer paso fue pensar más allá de la batalla inmediata. Suponiendo que obtuvieras la victoria, ¿cómo te dejaría eso: mejor o peor? Para responder esta pregunta, el paso lógico era pensar por adelantado, hasta la tercera o cuarta batallas sucesivas, relacionadas entre sí como los eslabones de una cadena. El resultado fue el concepto de campaña, en el que el estratega fija una meta realista y planea varios pasos para alcanzarla. Las batallas particulares sólo importan por el camino que preparan a las siguientes; un ejército puede incluso perder deliberadamente una batalla como parte de un plan a largo plazo. La victoria que importa es la de la campaña general, y todo se subordina a esa meta.

La historia militar enseña que la clave de la gran estrategia —lo que la distingue de la simple estrategia común— es su particular cualidad de previsión. Los grandes estrategas piensan y planean el futuro antes de entrar en acción. Su planeación no se reduce a acumular conocimientos e información; implica examinar el mundo con una mirada desapasionada, pensando en términos de la campaña, planeando pasos indirectos y sutiles a lo largo del camino, cuyo propósito sólo gradualmente podría volverse visible para otros. Este tipo de planeación no sólo confunde y desorienta al enemigo; al estratega le ofrece los efectos psicológicos de serenidad, sentido de perspectiva, flexibilidad para cambiar al instante teniendo en mente la meta última.

La gran estrategia posee cuatro principios esenciales, señalados enseguida. Cuanto más puedas incorporar estos principios a tus planes, mejores resultados obtendrás.

Concéntrate en tu meta mayor, tu destino. El primer paso para ser un gran estratega —el paso que hará que todo lo demás ocupe el lugar que le corresponde— es comenzar con una clara, detallada y deliberada meta en mente, fincada en la realidad. Solemos creer que operamos de acuerdo con algún tipo de plan, que tenemos metas por alcanzar. Pero usualmente nos engañamos; lo que tenemos no son metas sino deseos. Lo que ha distinguido a todos los grandes estrategas de la historia, y también puede distinguirte a ti, son metas específicas, detalladas, concentradas. Objetivos claros a largo plazo dan dirección a todas tus acciones, grandes y pequeñas. Las decisiones importantes se vuelven más fáciles de tomar.

Tus metas deben echar raíces en la realidad. Si están simplemente más allá de tus medios, en esencia fuera de tu alcance, te desalentarás, y el desaliento puede convertirse pronto en actitud derrotista. Por otra parte, si tus metas carecen de cierta dimensión y grandeza, podría serte difícil mantenerte motivado. No temas ser audaz.

EL JABALÍ Y LA ZORRA

Un jabalí, parado junto a un árbol, se afilaba los dientes. Al preguntarle una zorra por qué, sin que le amenazara ningún cazador ni ningún peligro, aguzaba sus dientes, dijo: "No lo hago vanamente, pues si me sobreviene un peligro no tendré entonces que afilarlos y los utilizaré, pues ya están dispuestos". La fábula enseña que los preparativos deben hacerse antes de los peligros.

Fábulas, ESOPO, siglo VI a. C.

Amplía tu perspectiva. La gran estrategia está en función de la visión, de ver más allá en el tiempo y en el espacio que el enemigo. El proceso de la previsión es antinatural: sólo podemos vivir el presente. Tu tarea como gran estratega es forzarte a ampliar tu visión, a captar más del mundo que te rodea, a ver la cosas como son y pueden ser en el futuro, no como quisieras que fueran.

Puedes dar un paso en esta dirección tratando de ver siempre el mundo a través de los ojos de otras personas —incluido, definitivamente, tu enemigo— antes de librar una guerra. Tus prejuicios culturales son un gran obstáculo para ver el mundo con objetividad.

Los grandes estrategas mantienen sintonizadas sus sensibles antenas con la política de cualquier situación. La política es el arte de promover y proteger los intereses propios. Tu conducta en el mundo siempre tiene consecuencias políticas, pues la gente que te rodea la analizará en términos de si le ayuda o la perjudica.

Tomando en cuenta la política, debes deducir tu gran estrategia con la idea de obtener apoyo de otras personas, de crear y fortalecer una base. Ser político significa entender a la gente: ver a través de sus ojos.

Corta la raíz. En una sociedad dominada por las apariencias, la verdadera fuente de un problema es a veces difícil de advertir. Para elaborar una gran estrategia contra un enemigo, tienes que saber qué lo motiva o cuál es la fuente de su poder. Demasiadas guerras y batallas se prolongan tediosamente a causa de que ninguna de las partes sabe cómo afectar las raíces de la otra. Como gran estratega, debes ampliar tu visión no sólo a los lados, sino también abajo. Piensa mucho, cava hondo, no confundas las apariencias con la realidad. Descubre la raíz del problema y podrás hacer una estrategia para cortarla, poniendo fin a la guerra o al problema en forma concluyente.

Toma la ruta indirecta a tu meta. El mayor peligro que enfrentas en la estrategia es perder la iniciativa y verte reaccionar constantemente a lo que la otra parte hace. La solución, por supuesto, es planear, pero planear sutilmente: seguir la ruta indirecta. Impedir que tu adversario vea el propósito de tus acciones te brinda una ventaja enorme.

Siempre presta atención al primer paso de la campaña. Este paso fija el *tempo*, determina la mentalidad del enemigo y te lanza en una dirección que más vale que sea la correcta.

Cada vez que algo marcha mal, es propio de la naturaleza humana culpar a tal o cual persona. Cuando una acción marche mal —en los negocios, la política, la vida—, atribúyelo a la política que la inspiró en primer término. La meta fue descaminada.

Esto significa que en gran medida tú eres el agente de todo lo malo que te pasa. Con más prudencia, políticas más sabias y mayor visión, habrías podido evitar el peligro. Así que cuando algo marche mal, mira profundamente dentro de ti, no en forma emocional, para culparte o ceder a tus sentimientos de culpa, sino para cerciorarte de que comenzarás tu siguiente campaña con un paso más firme y una visión más amplia.

Imagen: *La cima de la montaña. En el campo de batalla todo es humo y confusión. Es difícil distinguir al amigo del enemigo, saber quién va ganando, prever la siguiente acción del adversario. El general debe elevarse sobre la refriega, en la cima de la montaña, donde todo es más claro y nítido. Ahí puede ver más allá del campo de batalla: los movimientos de las reservas, el campamento enemigo, la forma futura de la contienda. Sólo desde la cumbre el general puede dirigir la guerra.*

Autoridad: *Al entrar en guerra, es un error común empezar por el extremo equivocado: actuar primero y esperar el desastre para discutir el asunto.* —Tucídides (entre 460 y 455-*circa* 400 a.C.)

LEY

13

CONOCE A TU ENEMIGO

LA ESTRATEGIA DE LA INTELIGENCIA

El blanco de tus estrategias debe ser menos el ejército frente a ti que la mente del hombre o la mujer que lo dirige. Si comprendes cómo funciona esa mente, tendrás la clave para engañarla y controlarla. Aprende a interpretar a la gente, captando las señales que emite inconscientemente sobre sus ideas e intenciones más profundas. Una fachada amigable te permitirá observarla con detenimiento y extraerle información. Cuídate de proyectar en ella tus emociones y hábitos mentales; intenta pensar como ella. Al descubrir las desventajas psicológicas de tus adversarios, podrás ocuparte de trastornar su mente.

CLAVES PARA LA GUERRA

Conoce al enemigo y conócete a ti mismo y, en cien batallas, no correrás jamás el más mínimo peligro.
SUN-TZU, siglo IV a. C.

Cólera como espía. *La cólera vacía el alma y pone incluso sus heces al descubierto. Por eso, si no conocemos otra manera de descubrir la verdad de un asunto, debemos saber cómo hacer encolerizar a nuestros conocidos, nuestros adherentes y adversarios, para saber todo lo que realmente piensan y emprenden contra nosotros.*
Humano, demasiado humano, FRIEDRICH NIETZSCHE, 1886

El mayor poder que podrías tener en la vida no procedería de recursos ilimitados, y ni siquiera de una consumada habilidad en la estrategia. Procedería de un claro conocimiento de quienes te rodean: la capacidad de leer a la gente como un libro. Dado ese conocimiento, podrías distinguir al amigo del enemigo, descubrir las serpientes en la hierba.

Este tipo de conocimiento ha sido una meta militar desde el amanecer de la historia. Por eso se inventaron las artes de la acumulación de inteligencia y el espionaje. Pero los espías son poco confiables; filtran la información con sus prejuicios, y los matices que la gente brinda —tono de voz, expresión de los ojos— se pierden inevitablemente en sus informes. A la larga, esta información no significa nada, a menos que seas experto en interpretar la conducta y psicología humanas. Sin esta habilidad, verás en esa información lo que quieras ver, y sólo confirmarás tus prejuicios. Los líderes que han hecho el mejor uso de la inteligencia fueron, antes que nada, grandes estudiosos de la naturaleza humana e intérpretes superiores de los hombres. Afinaron sus habilidades mediante la observación personal de los individuos. Sólo sobre esa base, el uso de espías amplió efectivamente sus poderes de visión.

El primer paso en este proceso es desechar la idea de que las personas son misterios impenetrables y de que sólo algún truco te permitiría asomarte a su alma. Si parecen misteriosas, es porque casi todos aprendemos a disfrazar nuestros verdaderos sentimientos e intenciones desde temprana edad. Si anduviéramos por todas partes mostrando exactamente cómo nos sentimos y diciéndole a la gente lo que planeamos, nos volveríamos vulnerables a la malicia; y si siempre expusiéramos nuestra opinión, ofenderíamos innecesariamente a muchas personas. Así que, mientras maduramos, esconder gran parte de lo que pensamos se convierte en nuestra segunda naturaleza.

Esta opacidad deliberada vuelve difícil el juego de la inteligencia, pero no imposible. Pues aun cuando la gente pugna conscientemente por ocultar lo que ocurre en su cabeza, insconscientemente desea ponerse al descubierto.

Comprende: día tras día, la gente emite señales que revelan sus intenciones y más profundos deseos. Si no los captamos es porque no prestamos atención. Te sorprenderá cuánto puedes captar de la gente si eres capaz de acallar tu incesante monólogo interior, vaciarte de pensamientos y anclarte en el momento.

Es fundamental, por supuesto, que la gente no sepa que la observas tan detenidamente. Una fachada amistosa ayudará a disfrazar tu propósito. No hagas demasiadas preguntas; el truco es conseguir que la gente se relaje y sincere sin mortificarla, espiándola tan silenciosamente que nunca adivine qué es lo que en realidad te propones.

La información es inútil si no sabes cómo interpretarla, cómo usarla para distinguir la apariencia de la realidad. Debes aprender a reconocer una amplia gama de tipos psicológicos. Manténte alerta, por ejemplo, al fenómeno del contrario enmascarado: cuando alguien manifiesta notoriamente un rasgo de personalidad en particular, ese rasgo bien podría ser un encubrimiento.

En general, es más fácil observar a la gente en acción, especialmente en momentos de crisis. En circunstancias así revela su debilidad, o se empeña tanto en disfrazarla que puedes ver a través de su máscara.

En mi opinión, hay dos tipos de ojos: un tipo mira simplemente las cosas y el otro ve a través de ellas para percibir su naturaleza interior. El primero no debería estar tenso [para observar lo más posible]; el segundo debería ser fuerte [para discernir claramente la operación del entendimiento del adversario]. A veces un hombre puede leer la mente de otro con los ojos. En esgrima, es correcto permitir que los ojos expresen la voluntad, pero nunca dejar que revelen la mente. Este asunto debe ser cuidadosamente considerado y estudiado con diligencia.

MIYAMOTO MUSASHI, 1584-1645

En principio, debo asentar que la existencia de agentes secretos no debería tolerarse, pues tiende a aumentar los peligros positivos del mal contra el que se usan. Que el espía falsificará su información es un lugar común. Pero en la esfera de la acción política y revolucionaria, que se fundamenta parcialmente en la violencia, el espía profesional tiene todas las facilidades para falsificar los hechos mismos, y hará el doble de mal con emulación en una dirección, y con pánico, legislación apresurada e irreflexivo odio en la otra.
El agente secreto, JOSEPH CONRAD, 1857-1924

La calidad de la información que reúnas sobre tus enemigos es más importante que la cantidad. Un solo pero crucial elemento puede ser la clave de su destrucción.

Desde luego que existen límites a cuánta inteligencia puedes recolectar con la observación de primera mano. Una red de espías ampliará tu visión, en particular mientras aprendes a interpretar la información que te proporcionan. Una red informal es lo mejor: un grupo de aliados reclutados al paso del tiempo para ser tus ojos y oídos. Trata de hacer amistad con personas en o cerca de la fuente de información sobre tu enemigo; un amigo bien colocado rendirá mucho más que un puñado de espías a sueldo.

Busca siempre espías internos, personas insatisfechas y resentidas del campamento enemigo. Inclínalas a tus propósitos y te darán mejor información que cualquier infiltrado que metas desde fuera. Contrata a gente despedida por el enemigo; te dirá cómo piensa éste. Una advertencia: nunca dependas de un espía, una fuente de información, por bueno que sea. Te arriesgas a ser engañado o a recibir información sesgada y parcial.

Muchas personas dejan rastros en textos, entrevistas, etc., tan reveladores como lo que podrías obtener de un espía. La gente revela mucho de sí misma en su escritura.

Finalmente, el enemigo que enfrentas no es un objeto inanimado que simplemente responderá a tus estrategias en la forma esperada. Tus enemigos cambian sin cesar y se adaptan a lo que haces. Innovándose e inventándose, tratan de aprender de sus errores y tus éxitos. Así que tu conocimiento del enemigo no puede ser estático. Mantén al día tu inteligencia, y no confíes en que el enemigo reaccionará dos veces del mismo modo.

Imagen: *La sombra. Todos tenemos una sombra, un yo secreto, un lado oscuro. Esta sombra comprende todo lo que la gente trata de ocultar al mundo: sus debilidades, deseos secretos, intenciones egoístas. Es invisible a lo lejos; para verla debes acercarte, física y, sobre todo, psicológicamente. Entonces cobrará relieve. Sigue de cerca las huellas de tu blanco y no sabrá cuánto ha revelado de su sombra.*

Autoridad: *Pues si el príncipe esclarecido y el general competente derrotan al enemigo cada vez que pasan a la acción, si sus hazañas se salen de lo común, es gracias a la información previa. Lo que se ha llamado "información previa" no puede obtenerse de los espíritus, ni de las divinidades, ni de la analogía con acontecimientos pasados, ni de los cálculos. Es necesario obtenerlo de hombres que conozcan la situación del enemigo.* —Sun-tzu (siglo IV a.C.)

LEY

14

APLASTA LA RESISTENCIA CON CELERIDAD Y DE IMPROVISO

LA ESTRATEGIA DEL *BLITZKRIEG*

En un mundo en el que muchas personas son indecisas y sumamente cautelosas, el uso de la celeridad te dará incalculable poder. Pegar primero, antes de que tus adversarios tengan tiempo de pensar o prepararse, los colocará en el terreno emocional, los desequilibrará y los inducirá a cometer errores. Si sigues con otra maniobra rápida y súbita, provocarás aún más pánico y confusión. Esta estrategia funciona mejor con una preparación, una calma pasajera: tu inesperada acción tomará por sorpresa a tu enemigo. Cuando ataques, hiere con fuerza impecable. Actuar con rapidez y decisión te rendirá respeto, admiración e irresistible impulso.

CLAVES PARA LA GUERRA

CHEN/LO QUE DESPIERTA (ESTRÉPITO, TRUENO)
El hexagrama Chen representa al hijo mayor, que toma las reglas con energía y potencia. Una línea yang crece bajo dos líneas yin y se abre paso hacia arriba. Este movimiento es tan violento que suscita terror. Está simbolizado por el trueno que brota de la tierra y, con su estrépito, causa miedo y temblor.

EL JUICIO
EL ESTRÉPITO *acarrea éxito. Llega el estrépito —¡oh, oh! Palabras que ríen —¡ja, ja! El estrépito siembra el miedo en cien millas a la redonda* [...].
I Ching, China, *circa* siglo VIII a. C.

En mayo de 1940, el ejército alemán invadió Francia y los Países Bajos usando una nueva forma de guerra: el *blitzkrieg* ("guerra relámpago"). Avanzando con increíble rapidez, los alemanes coordinaron tanques y aviones en un ataque que culminó en una de las victorias más rápidas y devastadoras de la historia militar. El éxito del *blitzkrieg* se debió, en gran medida, a la estática y rígida defensa de los aliados. Cuando los alemanes quebraron esa defensa, los aliados no pudieron recomponerse ni reaccionar a tiempo.

Ahora más que nunca, tratamos con gente defensiva y cautelosa, que inicia todo acto desde una posición estática. La razón es simple: el ritmo de la vida moderna es cada vez más rápido, lleno de distracciones, molestias e interrupciones. La respuesta natural de muchos es replegarse en su interior, erigir muros psicológicos contra las crueles realidades de la vida moderna.

La guerra del *blitzkrieg*, adaptada al combate diario, es la estrategia perfecta para estos tiempos. Mientras quienes te rodean permanecen a la defensiva e inmóviles, tú los sorprendes con una acción súbita y decisiva, obligándolos a actuar antes de estar preparados. No pueden responder, como suelen hacerlo, con elusividad o cautela. Lo más probable es que cedan a sus emociones y reaccionen con imprudencia. Has traspasado sus defensas, y si mantienes la presión y los sacudes otra vez con algo inesperado, los pondrás en una especie de espiral psicológica descendente, forzándolos a cometer errores, lo que ahondara aún más su confusión, y así sucesivamente.

Al lanzar un *blitzkrieg* debes empezar por buscar el punto débil de tu enemigo. Iniciar la acción donde habrá menos resistencia te permitirá adquirir un impulso crucial. La rapidez no es sólo un poderoso instrumento contra el enemigo, sino que también puede tener una positiva influencia vigorizante en quienes están de tu lado. La velocidad crea una sensación de vitalidad. Moverse con rapidez significa que hay menos tiempo para que tú y tu ejército cometan errores. También produce un efecto de carro alegórico: admirada de tu osadía, más y más gente decidirá unir fuerzas contigo.

La presteza es la esencia de la guerra. Aprovéchate de la falta de preparación del enemigo; recurre a itinerarios imprevistos y atácale en donde no esté preparado.

SUN-TZU, siglo IV a. C.

Veni, vidi, vici.
(Vine, vi, vencí.)

JULIO CÉSAR,
100-44 a. C.

Imagen: *La tormenta. El cielo está quieto y sereno, e impera una calma suave y pacífica. Luego, sin más, cae un rayo, se desata el viento... y el cielo estalla. Lo aterrador es lo inesperado de la tormenta.*

Autoridad: *Sé lento en la deliberación y rápido en la ejecución.* —Napoleón Bonaparte (1769-1821)

LEY

15

CONTROLA LA DINÁMICA

ESTRATEGIAS DE FORZAMIENTO

La gente pugna constantemente por controlarte, para hacer que actúes de acuerdo con sus intereses, manteniendo la dinámica bajo sus condiciones. El único medio para aventajarla es volver más inteligente e insidioso tu juego por el control. En vez de pretender dominar cada movimiento de la otra parte, intenta definir la naturaleza de la relación. Desplaza el conflicto al terreno de tu elección, alterando el paso y los intereses a tu conveniencia. Maniobra para controlar la mente de tus adversarios, apretando sus botones emocionales y obligándolos a cometer errores. De ser necesario, deja que sientan tener el control, para que bajen la guardia. Si controlas la dirección y estructura general de la batalla, todo lo que hagan te favorecerá.

EL ARTE DEL CONTROL FUNDAMENTAL

"Apretar la almohada" se refiere a los esfuerzos por impedir que el contrincante levante la cabeza. En batallas basadas en la estrategia marcial, es tabú permitir que el contrincante tome la iniciativa, poniéndote así a la defensiva. Debes tratar a toda costa de dirigir a tu contrincante, tomando completo control de él. Durante el combate, tu adversario trata de dominarte tanto como tú quieres dominarlo a él, así que es vital que captes sus intenciones y tácticas, para controlarlo [...] Según el principio de la estrategia marcial, debes ser capaz de controlar a tu(s) contrincante(s) en todo momento. Estudia bien este punto.
El libro de los cinco anillos, MIYAMOTO MUSASHI, 1584-1645

El control está presente en todas las relaciones. Es propio de la naturaleza humana aborrecer la sensación de impotencia y procurar el poder. Cada vez que dos personas o grupos interactúan, hay un constante forcejeo entre ellos para definir la relación, para determinar quién tiene el control sobre esto y aquello. Esta batalla de voluntades es inevitable. Tu tarea como estratega es doble: primero, reconoce la lucha por el control en todos los aspectos de la vida, y nunca seas de quienes aseguran que el control no les interesa. Tales personas suelen ser las más manipuladoras. Segundo, domina el arte de mover a la parte contraria como pieza en un tablero de ajedrez, con propósito y dirección. Este arte ha sido cultivado por los más creativos generales y estrategas militares a través de los siglos.

La guerra es antes que nada una pugna sobre quién puede controlar en mayor medida las acciones de la otra parte. Genios militares como Aníbal, Napoleón y Erwin Rommel descubrieron que la mejor manera de obtener el control es determinar el paso, dirección y forma general de la guerra misma. Esto significa lograr que tus enemigos combatan de acuerdo con tu *tempo*, atrayéndolos a un terreno desconocido para ellos y adecuado para ti, a fin de aprovechar tus fortalezas. Y, sobre todo, significa obtener influencia sobre la mentalidad de tus adversarios, adaptando tus maniobras a sus debilidades psicológicas.

El estratega superior comprende que es imposible controlar exactamente cómo responderá un enemigo a tal o cual movimiento. Intentar eso sólo conducirá a la frustración y al agotamiento. Gran parte de la guerra y de la vida es impredecible. Pero si el estratega puede controlar el ánimo y mentalidad de sus enemigos, no importa cómo reaccionen a sus maniobras. Si puede asustarlos, aterrarlos, enardecerlos y enojarlos, controlará el más amplio alcance de sus acciones y podrá atraparlos mentalmente antes de acorralarlos físicamente.

En suma, creo, como Federico [el Grande], que siempre se debe ser el primero en atacar.
NAPOLEÓN BONAPARTE, 1769-1821

El control puede ser agresivo o pasivo. Puede ser una presión inmediata sobre el enemigo, haciéndolo retroceder y perder la iniciativa. Puede ser fingir debilidad para lograr que el enemigo baje la guardia o para inducirlo a un ataque impulsivo. El artista del control convierte esas dos situaciones en un patrón devastador: golpe, retroceso, inducción, arrollamiento.

Este arte es infinitamente aplicable a las batallas de la vida cotidiana. Muchas personas tienden a practicar juegos inconscientes de dominación o caen atrapadas en el intento de controlar cada movimiento de alguien más. Al tratar de manejar y determinar demasiado, se agobian, cometen errores, ahuyentan a la gente y en definitiva pierden el control de la situación. Si tú comprendes y dominas este arte, serás inmediatamente más creativo en tu método para influir y controlar a la otra parte. Determinando el ánimo de la gente, el ritmo al que debe moverse, los intereses implicados, descubrirás que casi cualquier cosa que ella haga en respuesta a tus maniobras encaja en la dinámica general que has conformado. Tal vez sabe que está siendo controlada pero no puede oponerse, o sigue la dirección que deseas sin darse cuenta. Éste es el control fundamental.

Los siguientes son los cuatro principios básicos de este arte.

Manténlos a raya. Antes de que el enemigo se mueva, antes de que el elemento del azar o las acciones inesperadas de tus adversarios puedan arruinar tus planes, haz un movimiento agresivo para tomar la iniciativa. Mantén después una presión intensa, explotando al máximo

En la guerra, la pusilanimidad es mil veces más perniciosa que el arrojo, dado un grado igual de inteligencia.
CARL VON CLAUSEWITZ, 1780-1831

esa momentánea ventaja. No esperes a que se presenten las oportunidades; créalas tú mismo. Si eres la parte débil, con frecuencia esto emparejará el terreno de juego. Mantener a tus enemigos a la defensiva y en modo de reacción tendrá en ellos un efecto desmoralizador.

Cambia el campo de batalla. Un enemigo naturalmente desea combatirte en terreno conocido. Terreno significa en este caso todos los detalles de la batalla: tiempo y lugar, qué se disputa exactamente, quién está implicado en la contienda, etc. Desplazando sutilmente a tus enemigos a lugares y situaciones desconocidas para ellos, controlarás la dinámica. Sin darse cuenta de lo que pasa, se verán peleando bajo tus condiciones.

Induce errores. Tus enemigos dependen de la ejecución de una estrategia que haga uso de sus ventajas, que haya funcionado en el pasado. Tu tarea es doble: librar batalla de tal forma que no puedan poner en juego su fortaleza o estrategia y crear tal nivel de frustración que cometan errores en el proceso. No les des suficiente tiempo para hacer nada; explota sus debilidades emocionales, irritándolos lo más posible; indúcelos a caer en trampas mortales. Es menos tu acción que sus pasos en falso lo que te dará el control.

Asume un control pasivo. La forma última de la dominación es hacer que la otra parte crea tener el control. Si cree estar al mando, es menos probable que se resista o se vuelva defensiva ante ti. Crea esta impresión moviéndote con la energía de la otra parte, cediendo terreno pero desviándola lenta y sutilmente en la dirección que deseas. Ésta es a menudo la mejor manera de controlar a los demasiado agresivos y a los pasivos-agresivos.

Imagen: *El boxeador. El púgil superior no depende de su poderoso puño o rápidos reflejos. En cambio, crea en la pelea el ritmo que más le acomoda, avanzando y retirándose al paso fijado por él; controla el ring, conduciendo al adversario al centro, a las cuerdas, hacia o lejos de él. Maestro del tiempo y el espacio, genera frustración, induce errores y engendra un derrumbe mental que precede al físico. Gana no con lo puños, sino controlando el ring.*

Autoridad: *Para poder estar en paz, es preciso mantener ocupado al enemigo. Esto lo pone a la defensiva; y una vez así, no podrá volver a levantarse en toda la campaña.* —Federico el Grande (1712-1786)

LEY

16

DALES DONDE MÁS LES DUELE

LA ESTRATEGIA DEL CENTRO DE GRAVEDAD

Todos tenemos una fuente de poder de la que dependemos. Cuando analices a tus rivales, busca bajo la superficie esa fuente, el centro de gravedad que mantiene unida a la estructura entera. Ese centro puede ser su riqueza, su popularidad, una posición clave, una estrategia victoriosa. Darles ahí les infligirá un dolor desproporcionado. Descubre qué es lo que la otra parte más aprecia y protege; es ahí donde debes atacar.

CLAVES PARA LA GUERRA

El tercer shogún Iemitsu gustaba de las contiendas de espada. Una vez en que dispuso ver a algunos de sus mejores espadachines exhibir sus habilidades, advirtió entre el público a un jinete experto llamado Suwa Bunkuro, e impulsivamente le pidió participar. Bunkuro respondió diciendo que lo haría complacido si podía contender a caballo, añadiendo que podía derrotar a cualquiera a lomo de caballo. Iemitsu instó gustoso a los espadachines a pelear contra Bunkuro en el estilo que él prefería. Al final, Bunkuro tuvo razón en su jactancia. Blandir una espada sobre un caballo cabriolante no era algo a lo que muchos espadachines estuvieran acostumbrados, y Bunkuro derrotó fácilmente a todos los que se atrevieron a enfrentarlo a caballo. Algo exasperado, Iemitsu dijo a Munenori que hiciera la prueba. Aunque espectador en esta ocasión, Munenori obedeció al instante y montó. Cuando su caballo trotó hasta el de Bunkuro, lo detuvo de súbito y palmeó la nariz

En la guerra es natural concentrarse en el aspecto físico del conflicto: cuerpos, equipo, *matériel*. Aun un estratega instruido tenderá a considerar primero el ejército, potencia de fuego, movilidad y reservas del enemigo. La guerra es un asunto visceral, emocional, una arena de peligro físico, y supone gran esfuerzo elevarse sobre este nivel y plantear preguntas distintas: ¿qué hace moverse al ejército enemigo? ¿Qué le da ímpetu y resistencia? ¿Quién guía sus acciones? ¿Cuál es la fuente última de su fuerza?

Es propio de la naturaleza del poder presentar un aspecto enérgico, parecer amenazante e intimidatorio, fuerte y decidido. Pero su despliegue exterior suele ser exagerado, e incluso francamente engañoso, pues el poder no se atreve a exhibir sus debilidades. Y bajo ese despliegue está el soporte en que el poder descansa.

Atacar ese centro de gravedad, neutralizarlo o destruirlo, es la máxima estrategia de la guerra, pues sin él toda la estructura se desplomará. Golpear ese centro tendrá devastadores efectos psicológicos, desequilibrando al enemigo e induciendo un pánico creciente. Si los generales convencionales perciben el aspecto físico del ejército enemigo, concentrándose en sus debilidades y tratando de explotarlas, los estrategas superiores ven detrás y más allá de eso, el sistema de apoyo. El centro de gravedad del enemigo es donde una herida le dolerá más, su punto de mayor vulnerabilidad. Pegarle ahí es la mejor manera de terminar un conflicto definitiva y económicamente.

Para encontrar el centro de gravedad de un grupo, debes conocer su estructura y la cultura en que opera. Si tus enemigos son individuos, debes comprender su psicología, lo que los hace latir, la estructura de su pensamiento y prioridades.

Cuanto más centralizado esté el enemigo, más devastador será un golpe a su líder u órgano de gobierno. Un enemigo más descentralizado tendrá varios centros de gravedad. La clave aquí es desorganizarlos, bloqueando la comunicación entre ellos; si las partes no pueden comunicarse con el todo, sobreviene el caos.

En toda interacción con la gente, aprende a concentrarte en su fortaleza, la fuente de su poder, lo que le da apoyo crucial. Este conocimiento te brindará muchas opciones estratégicas, muchos ángulos desde los cuales atacar, minando sutilmente, o no tanto, esa fortaleza antes de acometerla de frente. No podrás crear mayor experiencia de pánico en tus enemigos que la de hacerlos sentir incapaces de usar sus fortalezas.

Imagen: *El muro. Tus adversarios están detrás de un muro que los protege de extraños e intrusos. No te des de topes contra ese muro ni lo sities; busca los pilares y soportes que lo sostienen y le dan fuerza. Cava debajo de él, debilitando sus cimientos hasta que caiga por sí solo.*

del de aquél con su espada de madera. El caballo de Bunkuro se encabritó; y mientras el afamado jinete intentaba recuperar el equilibrio, Munenori lo derribó.

The Sword and the Mind, traducción de HIROAKI SATO, 1985

El hombre depende de su garganta para una respiración fluida y el mantenimiento de la vida. Cuando se le estrangula, sus cinco sentidos pierden su sensibilidad y ninguno funcionará más en forma normal. No podrá estirar sus miembros, que se entumirán y paralizarán. Por tanto, es raro que este hombre pueda sobrevivir. Así, cuando se divisan las banderas del enemigo y puede oírse el batir de sus tambores de guerra, primero debemos indagar la posición de su espalda y su garganta. Después podremos atacarlo por la espalda y estrangularlo. Ésta es una estrategia excelente para aplastar al enemigo.

The Wiles of War: 36 Military Strategies from Ancient China, traducción de SUN HAICHEN, 1991.

Autoridad: *El principio básico es la indagación de la sustancia a la que el enemigo debe su fortaleza hasta las fuentes más remotas que sea posible, y de preferencia hasta la más importante de ellas. El ataque a dichas fuentes ha de condensarse en el menor número de acciones [...] Por medio de la incesante búsqueda del origen de su poder, corriendo el riesgo de perderlo todo con el propósito de ganarlo todo, se vencerá efectivamente al enemigo.*

—Carl von Clausewitz, *Sobre la guerra* (1780-1831)

LEY

17

DERRÓTALOS MINUCIOSAMENTE

LA ESTRATEGIA DE DIVIDE Y VENCERÁS

Nunca te dejes intimidar por la apariencia de tu enemigo. Examina en cambio las partes que componen al todo. Separando las partes, sembrando disensión y división, podrás derribar hasta al contrincante más formidable. Al preparar tu ataque, opera en su mente para crear conflicto interno. Busca las juntas y eslabones, las cosas que unen a la gente en un grupo o a un grupo con otro. División es debilidad, y las juntas son las partes más débiles de cualquier estructura. Frente a contratiempos o enemigos, divide un gran problema en pequeñas partes eminentemente derrotables.

CLAVES PARA LA GUERRA

LOS TRES BUEYES Y EL LEÓN

Tres bueyes pacían juntos. Un león, aunque quería comérselos, no podía debido a su unión. Sin embargo, los indispuso unos contra otros con falsas palabras, logró separarlos y al verlos solos los devoró uno tras otro.

Fábulas, ESOPO, siglo VI a. C.

Acechando en lo más profundo aun de los más civilizados entre nosotros, subsiste el mismo temor básico a estar solos, sin apoyo y expuestos al peligro. Hoy la gente está más dispersa y la sociedad menos unida que antes, pero esto sólo incrementa nuestra necesidad de pertenecer a un grupo, de tener una fuerte red de aliados, para sentirnos apoyados y protegidos por todas partes. Si quitamos esta percepción, volveremos a nuestra primitiva sensación de terror a causa de nuestra vulnerabilidad. La estrategia de divide y vencerás nunca ha sido tan eficaz como ahora: aleja a la gente de su grupo —hazla sentir alienada, sola y desprotegida— y la debilitarás enormemente. Este momento de debilidad te dará gran poder para maniobrar y arrinconarla, ya sea para atraerla o para inducir pánico y repliegue.

Antes de lanzar un ataque directo a tus enemigos, siempre es prudente debilitarlos, creando la mayor división posible en sus filas. Un buen sitio para poner trabas es entre la dirigencia y la gente, ya sean soldados o ciudadanos; los dirigentes cometen errores cuando pierden el apoyo de la base.

Divide y vencerás es una estrategia efectiva para dirigir cualquier grupo. Se basa en un principio clave: en toda organización, la gente forma naturalmente pequeños grupos fundados en el interés mutuo, el primitivo deseo de hallar fortaleza en la cantidad. Esos subgrupos componen bases de poder que, fuera de control, amenazarán a la organización en su conjunto. La formación de bandos y facciones puede ser la peor amenaza para un líder, porque se empeñarán naturalmente en perseguir sus intereses antes que los del grupo. La solución es dividir para dirigir. A fin de lograrlo, antes tienes que establecerte como el centro de poder; los individuos deben saber que tienen que competir por tu aprobación. Agradar al líder debe ofrecer más ventajas que tratar de formar una base de poder dentro del grupo.

Concibe como insurgentes a los miembros de tu grupo que trabajan principalmente para sus propios intereses. Son casos que prosperan con el descontento en la organización, induciendo la disensión y el faccionalismo. Siempre puedes dividir a esas facciones una vez que sepas de ellas, aunque la mejor solución es mantener satisfechos y contentos a tus soldados, no dando a los insurgentes nada que los nutra. Amargados y aislados, languidecerán por sí solos.

Lo más importante es moverte rápido contra tus enemigos. Esperar a que los problemas lleguen a ti no hará sino multiplicarlos y darles un impulso aniquilador.

Todo reino dividido contra sí mismo, es asolado; y una casa dividida contra sí misma, cae. Y si también Satanás está dividido contra sí mismo, ¿cómo estará en pie su reino?

LUCAS 11, 17-18

Imagen: *El nudo. Es grande, irremediablemente enredado y parece imposible de desemarañar. Consta de miles de nudos más chicos, todos ellos retorcidos y entrelazados. Deja pasar tiempo y el nudo sólo empeorará. En vez de tratar de desbaratarlo de uno u otro lado, alza tu espada y córtalo a la mitad de un solo golpe. Una vez dividido, se deshará solo.*

Autoridad: *Antaño, los que eran tenidos como expertos en el arte militar impedían en las filas del enemigo la coordinación entre la retaguardia y la vanguardia, la recíproca colaboración entre los elementos importantes y los de menos envergadura, el apoyo de las tropas escogidas a las mediocres y la ayuda mutua entre superiores y subordinados. Cuando las fuerzas del enemigo están dispersas, impide que se reagrupen; si están concentradas, siembra el desorden.* —Sun-tzu (siglo IV a.C.)

LEY

18

DESCUBRE Y ATACA EL FLANCO DÉBIL DE TU ADVERSARIO

LA ESTRATEGIA DE ROTACIÓN

Cuando atacas directamente a la gente, refuerzas su resistencia y te dificultas la tarea. Hay un modo mejor: llama al frente la atención de tus adversarios y luego atácalos de lado, donde menos se lo esperan. Al herirlos donde son débiles y frágiles y están desprotegidos, produces conmoción, momento de debilidad que debes explotar. Induce a la gente a salir del limbo, exponiendo su debilidad, y bárrela después con fuego lateral. La única forma de lograr que adversarios obstinados se muevan es abordándolos en forma indirecta.

CLAVES PARA LA GUERRA

Vuestra amabilidad nos obligará más que vuestra fuerza a mostrarnos amables con vos.
A vuestro gusto, WILLIAM SHAKESPEARE, 1564-1616

La gente que adquiere verdadero poder en el difícil mundo moderno es la que ha aprendido a ser indirecta. Conoce el valor de aproximarse en ángulo, disfrazar sus intenciones, reducir la resistencia de su enemigo, atacar su flanco débil expuesto en vez de darse de topes con él. Más que tratar de empujar o jalar a la gente, la persuade para conducirla en la dirección que quiere. Esto implica esfuerzo, pero ofrece beneficios posteriores en reducción de conflictos y mejores resultados.

Nunca reveles tus intenciones o metas; en cambio, usa la gracia, la conversación agradable, el humor, el halago —lo que funcione— para mantener al frente la atención de la gente. Concentrada en otra parte, su flanco queda expuesto; así, cuando dejes caer indicios o sugieras sutiles cambios de dirección, las puertas estarán abiertas y las murallas derribadas. La gente estará desarmada y será maniobrable.

Piensa en el ego y vanidad de las personas como una especie de frente. Cuando te atacan y no sabes por qué, suele deberse a que inadvertidamente has amenazado su ego, su sentido de importancia en el mundo. Cada vez que sea posible, haz que la gente se sienta segura de sí. De nueva cuenta, usa lo que funcione: sutiles halagos, un presente, un ascenso inesperado, una oferta de alianza, una exhibición de ella y tú como iguales, un reflejo de sus ideas y valores. Todas estas cosas la harán sentir anclada en su posición frontal en relación con el mundo, lo que provocará que reduzca sus defensas y le agrades. Segura y cómoda, estará lista para una maniobra de flanqueo. Esto es particularmente devastador con un blanco de ataque de ego delicado.

Un modo común de usar la maniobra de flanqueo en

la guerra es lograr que tus enemigos se expongan en una saliente débil. Esto significa maniobrar para atraerlos a ese terreno o inducirlos a avanzar de tal forma que su frente sea estrecho y sus flancos largos, delicioso objetivo para un ataque de lado.

Cuando la gente presenta sus ideas y argumentos, suele censurarse, tratando de parecer más conciliadora y flexible de lo que es. Si tú la embistes de frente, no llegarás muy lejos, porque no tendrás mucho que atacar. En cambio, trata de hacerla avanzar en sus ideas, para que te ofrezca mayor blanco de ataque. Haz esto dando un paso atrás, pareciendo estar de acuerdo con ella e induciéndola a seguir apresuradamente adelante. Se expondrá en una saliente débil, adoptando un argumento y posición indefendible que la pondrá en ridículo. La clave es nunca golpear demasiado pronto. Dales tiempo a tus enemigos de ahorcarse solos.

En un mundo político, la gente depende de su posición social. Necesita apoyo de todas las fuentes posibles. Ese apoyo, la base de poder de la mayoría, constituye un rico flanco por exponer y atacar. Un ataque de flanqueo contra el prestigio y la fama de alguien lo hará volverse hacia la amenaza, lo que te dará amplio margen para conducir al adversario en otras direcciones. Cuanto más sutiles e indirectas sean tus maniobras en la vida, mejor. La evolución suprema de la estrategia es hacia cosas cada vez más indirectas. Un adversario que no puede ver adónde vas está en severa desventaja. Entre más ángulos uses, más difícil les será a tus adversarios defenderse.

El libro de las mutaciones (I Ching) suele considerarse la apoteosis oriental de la adaptación, de la flexibilidad. En ese libro el tema recurrente es la observación de la vida y la combinación con su flujo para sobrevivir y desarrollarse. En efecto, el tema de esa obra es que todo en la existencia puede ser fuente de conflicto, de peligro y, en última instancia, de violencia si se le enfrenta desde el ángulo equivocado o en forma incorrecta; esto es, si se le confronta directamente en el punto de su máxima fuerza, ya que esta aproximación vuelve el encuentro potencialmente devastador. Por la misma razón, todo suceso puede abordarse aproximándose a él desde el ángulo correcto y en la forma apropiada; esto es, en su fuente, antes de que pueda desarrollar pleno poder, o por los lados (los vulnerables "costados del tigre").

Secrets of the Samurai, OSCAR RATTI Y ADELE WESTBROOK, 1973

Imagen: *La langosta. Esta criatura parece intimidatoria e impenetrable, con sus afiladas tenazas rápidas para prender, su dura concha protectora, su poderosa cola que la aleja del peligro. Si la manipulas directamente, pagarás el precio. Pero voltéala con un palo para exponer su tierno lado inferior y se volverá inútil.*

Autoridad: *Las batallas se ganan haciendo rotar al enemigo, atacando su flanco.* —Napoleón Bonaparte (1769-1821)

LEY 19

ENVUELVE AL ENEMIGO

LA ESTRATEGIA DE ANIQUILACIÓN

La gente usará cualquier grieta en tus defensas para atacarte o vengarse de ti. Así que no ofrezcas grietas. El secreto es envolver a tus adversarios: presionarlos sin piedad por todas partes, dominar su atención y bloquear su acceso al mundo exterior. Vuelve impredecibles tus ataques para crear una vaporosa sensación de vulnerabilidad. Finalmente, cuando sientas que tu resolución se debilita, ahoga su fuerza de voluntad apretando el nudo. Los mejores cercos son psicológicos: has rodeado su mente.

CLAVES PARA LA GUERRA

Debes hacer que tu contrincante reconozca la derrota desde el fondo de su corazón.
MIYAMOTO MUSASHI
(1584-1645)

Hace miles de años los seres humanos vivíamos una vida nómada, vagando por desiertos y llanuras, cazando y recolectando. Luego decidimos vivir en poblados y cultivar nuestros alimentos. Este cambio nos dio bienestar y control, pero en una parte de nuestro espíritu seguimos siendo nómadas: no podemos menos que asociar el espacio para errar y vagar con una sensación de libertad. A través de los siglos este reflejo se ha vuelto más psicológico: la sensación de tener opciones en una situación, un futuro con perspectivas, se traduce en algo semejante a la sensación del espacio abierto. Nuestra mente prospera con la noción de que hay posibilidades y un margen estratégico de maniobra.

A la inversa, la sensación de encierro psicológico nos molesta sobremanera, lo que a menudo nos hace reaccionar en forma desproporcionada. Cuando alguien o algo nos cerca —reduciendo nuestras opciones, acosándonos por todas partes—, perdemos el control de nuestras emociones y cometemos errores que vuelven más desesperada la situación.

Las batallas de la vida diaria no ocurren en un mapa, sino en una especie de espacio abstracto definido por la capacidad de la gente para maniobrar, actuar en tu contra, limitar tu poder y reducir tu tiempo para responder. Concede a tus adversarios cualquier margen en ese espacio abstracto o psicológico y lo explotarán, por poderoso que seas o por brillantes que sean tus estrategias, así que hazlos sentirse rodeados. Contrae sus posibilidades de acción y cierra sus vías de escape. Así como los habitantes de una ciudad sitiada pueden perder poco a poco la cabeza, tus adversarios enloquecerán al carecer de espacio para maniobrar contra ti.

Con objeto de envolver a tus enemigos, debes usar lo que tengas en abundancia. Si tienes un gran ejército, úsalo para dar la apariencia de que tus fuerzas están en todas partes, y causar una presión de asedio.

Recuerda: el poder del envolvimiento es en última instancia psicológico. Hacer que la otra persona se *sienta* vulnerable al ataque por muchos lados es tan eficaz como envolverla físicamente.

Unos cuantos golpes oportunos para hacer que tus enemigos se sientan vulnerables en múltiples formas y desde múltiples direcciones harán lo mismo por ti. A menudo, de hecho, menos es más en este caso: demasiados golpes te darán forma, personalidad: algo ante lo que la otra parte puede responder y desarrollar una estrategia de combate. Por el contrario, da la impresión de ser vaporoso. Haz que tus maniobras sean imposibles de anticipar. Tu cercamiento psicológico será absolutamente siniesto y completo.

Los mejores cercos son aquellos que aprovechan las vulnerabilidades preexistentes e inherentes del enemigo. Presta atención, así, a signos de arrogancia, precipitación u otras desventajas psicológicas. Alimenta los temores de los paranoicos y empezarán a imaginar ataques en los que ni siquiera habías pensado; su exaltado cerebro hará gran parte del cerco por ti.

Los impetuosos, violentos y arrogantes son particularmente fáciles de atraer a las trampas de las estrategias de envolvimiento: hazte pasar por débil o tonto y te atacarán sin detenerse a pensar adónde van. Sin embargo, cualquier desventaja emocional de parte del adversario, o cualquier gran deseo o anhelo incumplido, puede ser ingrediente de cercamiento. Al atraer a tus enemigos a una trampa así, siempre intenta hacerles sentir que tienen el control de la situación. Avanzarán tanto como desees.

Por último, no te limites a envolver las fuerzas de tu adversario o sus emociones inmediatas: envuelve más bien su estrategia entera; en realidad, todo su marco conceptual. Esta forma suprema de envolvimiento implica estudiar primero las predecibles partes rígidas de la estrategia de tus adversarios y elaborar después una novedosa estrategia propia que sea ajena a su experiencia. Este tipo de desajuste estratégico puede conducir a la victoria no sólo en una batalla específica, sino también en campañas a gran escala: la meta por excelencia de toda modalidad de guerra.

Imagen:
El nudo corredizo. Una vez en su lugar, no hay escapatoria ni esperanza. Ante la sola idea de verse atrapado en él, el enemigo se desesperará y luchará, pero sus esfuerzos frenéticos por escapar sólo apresurarán su destrucción.

Autoridad: *Mete un mono a una jaula y será como un cerdo; no porque no sea listo y ágil, sino porque no tendrá espacio para ejercer libremente sus capacidades. —Huainanzi* (siglo II a.C.)

LEY 20

MANIOBRA PARA DEBILITARLOS

LA ESTRATEGIA DE DEJAR MADURAR PARA SEGAR

Por fuerte que seas, librar interminables batallas con la gente es agotador, costoso y poco imaginativo. Los estrategas sabios prefieren el arte de maniobrar: antes siquiera de empezada la batalla, buscan la forma de poner a sus adversarios en una posición débil para que la victoria sea fácil y rápida. Induce a tus enemigos a asumir posiciones que parezcan tentadoras pero que en realidad sean trampas y callejones sin salida. Si su posición es fuerte, haz que la abandonen incitándolos a una persecución inútil. Produce dilemas: idea maniobras que les ofrezcan opciones de respuesta, todas ellas negativas. Canaliza el caos y el desorden en su dirección. Los adversarios confundidos, frustrados y enojados son como frutos maduros en la rama: la menor brisa los hará caer.

GUERRA DE MANIOBRAS

La guerra es como la caza. A los animales salvajes se les atrapa explorando, con redes, esperando, acechando, rodeando y con otros ardides, más que con la fuerza bruta. Al librar una guerra, deberíamos proceder de la misma forma, ya sea que el enemigo sean muchos o pocos. Tratar simplemente de vencer al enemigo en descampado, cuerpo a cuerpo y frente a frente, aunque pudiera dar la impresión de que se triunfa, es una empresa muy riesgosa y puede resultar en grave daño. Aparte de la extrema emergencia, es ridículo tratar de obtener una victoria tan costosa y que sólo brinda una gloria hueca [...].
Emperador bizantino MAURICIO, 539-602 d.C.

A lo largo de la historia pueden identificarse dos estilos de guerra distintos. El más antiguo es la guerra de desgaste: el enemigo se rinde porque has eliminado a muchos de sus hombres. Un general que libra una guerra de desgaste calculará maneras de aplastar a la otra parte con un ejército más numeroso, o con la formación de batalla que cause mayor daño, o con una tecnología militar superior. En cualquier caso, la victoria depende de cansar a la otra parte en la batalla. Aun con la extraordinaria tecnología de hoy, la guerra de desgaste es notoriamente primitiva, pues pone en juego los instintos más violentos de la humanidad.

A lo largo de muchos siglos, y en particular en la antigua China, se desarrolló un segundo método de librar una guerra. En este caso el énfasis no estaba en destruir a la otra parte en batalla, sino en debilitarla y trastornarla antes de que empezara el combate. El líder maniobraba para confundir y enfurecer al enemigo, y para colocarlo en mala posición: obligarlo a pelear colina arriba, o con el sol o el viento de frente, o en un espacio reducido. En este tipo de guerra, un ejército con movilidad podía ser más efectivo que uno con músculo.

La filosofía de la guerra de maniobras fue codificada por Sun-tzu en su *Arte de la guerra*, escrito en el periodo de los Estados Guerreros de China, del siglo V al III a.C.: más de doscientos años de ciclos crecientes de guerra en los que la sobrevivencia misma de un Estado dependía de su ejército y estrategas. Para Sun-tzu y sus contemporáneos, era obvio que los costos de la guerra iban mucho más allá del conteo de cadáveres: implicaban una pérdida de recursos y de voluntad política y una baja en la moral de soldados y ciudadanos. Estos costos aumentaban al paso del tiempo, hasta que, por fin, aun la mayor nación guerrera sucumbía al agotamiento. Maniobrando diestramente, sin embargo, un Estado podía ahorrarse costos tan altos y aun así salir victorioso. Un enemigo puesto mediante maniobras en una posición débil sucumbía más fácilmente a la presión psicológica; aun antes de iniciada la batalla, empezaba imperceptiblemente a derrumbarse, y se rendía sin combatir siquiera.

La aptitud para maniobrar es la habilidad suprema de un general, el más útil y raro de los dones por el que se estima el genio.

NAPOLEÓN BONAPARTE, 1769-1821

Varios estrategas fuera de Asia —en especial Napoleón Bonaparte— han hecho brillante uso de la guerra de maniobras. Pero en general, la guerra de desgaste está profundamente incrustada en la manera occidental de pensar, desde los antiguos griegos hasta los modernos Estados Unidos. En una cultura de desgaste, las ideas gravitan naturalmente hacia cómo vencer problemas, obstáculos, a aquellos que se nos resisten. En los medios de información, el énfasis se pone en las grandes batallas, ya sea en la política o las artes, situaciones estáticas en las que hay ganadores y perdedores. A la gente le atrae la cualidad emocional y dramática de una confrontación, no los muchos pasos que condujeron a ella. Las historias que se cuentan en esas culturas apuntan a tales momentos bélicos, mensaje moral que se predica hasta el cansancio (a diferencia de los detalles, más reveladores). Asimismo, esta manera de combatir se considera más viril, honorable y honesta.

Más que nada, la guerra de maniobras es una manera diferente de pensar. Lo que importa aquí es el proceso: los pasos hacia la batalla y cómo manipularlos para que la confrontación sea menos costosa y violenta. En el universo de la maniobra, nada es estático. Las batallas son, en efecto, ilusiones dramáticas, breves momentos en el largo flujo de los hechos, el cual es móvil, dinámico

Pues un ejército (hsing) puede ser comparado al agua. El caudal fluye (hsing) evitando las alturas y buscando las tierras bajas [...] Y así como el agua se amolda (hsing) a los accidentes del terreno, para conseguir la victoria un ejército debe adaptarse a la situación del enemigo. Y así como el agua no tiene una forma estable (hsing), no existen en la guerra condiciones permanentes (shih). En consecuencia, el que sabe conseguir la victoria modificando su táctica de acuerdo con la situación del enemigo, merece ser considerado como un adivino.
El arte de la guerra, SUN-TZU, siglo IV a. C.

y susceptible de alteración a través de la cautelosa estrategia. Esta manera de pensar no encuentra honor ni moral en perder tiempo, energía y vidas en una batalla. A las guerras de desgaste se les juzga, en cambio, indolentes, eco de la primitiva tendencia humana a la defensa reactiva, irreflexiva.

En una sociedad llena de guerreros de desgaste, tú adquieres instantánea ventaja si te conviertes a la maniobra. Tu proceso mental se hará más fluido, más vital, y podrás desenvolverte fuera de las rígidas tendencias de obsesión con la batalla de quienes te rodean. Al siempre pensar primero en la situación general y en cómo maniobrar para que la gente adopte posiciones débiles en vez de enfrentarla, lograrás que tus batallas sean menos sangrientas, lo cual —dado que la vida es larga y el conflicto interminable— resulta aconsejable si deseas una trayectoria fructífera y duradera. Además, una guerra de maniobras es tan decisiva como la de desgaste. Concibe el debilitamiento de tus enemigos como la maduración de un grano, listo para ser cortado en el momento preciso.

Los siguientes son los cuatro principios más importantes de la guerra de maniobras:

Haz un plan con ramificaciones. La guerra de maniobras depende de la planeación, y el plan debe ser el correcto. Demasiado rígido y no tendrás margen para adaptarte al inevitable caos y fricción de la guerra; demasiado laxo y los hechos imprevistos te confundirán y abrumarán. El plan perfecto se deriva de un detallado análisis de la situación, lo que te permite decidir la mejor dirección a seguir o la posición perfecta por ocupar y te propone varias opciones efectivas (ramificaciones) por elegir, dependiendo de lo que el enemigo te ofrezca. Un plan con ramificaciones te permite maniobrar mejor que tu enemigo, porque tus respuestas a las circunstancias variables son más rápidas y racionales.

Bríndate margen de maniobra. No podrás ser móvil, no podrás maniobrar libremente, si te colocas en espacios reducidos o te aferras a posiciones que te paralicen. Considera la capacidad de movimiento y la preservación de más opciones abiertas que las de tus enemigos como algo más importante que conservar territorios o posesiones. Necesitas espacios abiertos, no posiciones muertas. Esto significa no sobrecargarte de compromisos que limiten tus acciones. No adoptar posturas que no te lleven a ninguna parte. La necesidad de espacio es psicológica tanto como física: debes tener una mente libre de cadenas para poder crear algo valioso.

Dale a tu enemigo dilemas, no problemas. Es muy probable que la mayoría de tus adversarios sean hábiles y astutos; si tus maniobras simplemente les presentan un problema, lo resolverán en forma inevitable. Un dilema es diferente: hagan lo que hagan, reaccionen como reaccionen —retirada, avance, inmovilidad—, estarán en dificultades. Vuelve malas todas las opciones: si maniobras rápidamente en dirección a un punto, por ejemplo, puedes forzar a tus enemigos a pelear antes de estar preparados o a retirarse. Trata constantemente de ponerlos en posiciones que parezcan tentadoras pero que sean trampas.

Produce el máximo desorden. Tu enemigo depende de su capacidad de interpretarte, de hacerse una idea de tus intenciones. La meta de tus maniobras debe ser impedírselo, lanzarlo a una persecución inútil de información sin sentido, generar ambigüedad acerca de qué dirección seguirás. Cuanto más atrofies la capacidad de la gente para razonar acerca de ti, más desorden inyectarás en su sistema. El desorden que produzcas será controlado y deliberado, al menos para ti. El desorden que el enemigo sufra será extenuante y destructivo.

Imagen: *La hoz. El más simple de los instrumentos. Cortar con ella pasto crecido o trigales inmaduros es una labor agotadora. Pero deja que los tallos se doren, endurezcan y sequen, y en ese breve momento aun la hoz menos afilada segará el trigo con facilidad.*

Autoridad: *Las batallas se ganan con muerte y maniobra. Cuanto mayor sea el general, menos exigirá de la muerte [...] Casi todas las batallas consideradas obras maestras del arte militar [...] lo han sido de maniobras, en las que muy a menudo el enemigo se ha visto derrotado por un novedoso recurso o dispositivo; un embate o estratagema singular, ágil e inesperado. En tales batallas, las bajas de los vencedores han sido muy reducidas.* —Winston Churchill (1874-1965)

LEY 21

NEGOCIA MIENTRAS AVANZAS

LA ESTRATEGIA DE LA GUERRA DIPLOMÁTICA

La gente siempre tratará de arrebatarte en la negociación lo que no pudo obtener de ti en la batalla o confrontación directa. Apelará incluso a la justicia y la moral como excusa para fortalecer su posición. No te dejes engañar: la negociación consiste en maniobrar por poder o ubicación, y siempre debes ocupar una posición fuerte que impida a la otra parte timarte durante sus entrevistas. Antes y durante las negociaciones, debes seguir avanzando, presionando sin clemencia y obligando a la otra parte a aceptar tus condiciones. Cuanto más tomes, más podrás ceder en concesiones insignificantes. Hazte fama de duro e intransigente, para que la gente te tenga miedo aun antes de conocerte.

CLAVES PARA LA GUERRA

Cuando un príncipe dotado de prudencia ve que su fidelidad en las promesas se convierte en perjuicio suyo [...] no puede y aun no debe guardarlas. Si todos los hombres fueran buenos este precepto sería malísimo; pero como son malos y no observarían su fe con respecto a ti si se presentara la ocasión de ello, no estás obligado ya a guardarles la tuya, cuando te es como forzado a ello. Nunca le faltan motivos legítimos a un príncipe para cohonestar esta inobservancia.
El príncipe,
NICOLÁS MAQUIAVELO
1469-1527

El conflicto y la confrontación son generalmente asuntos desagradables que suscitan emociones desagradables. En afán de evitar esas molestias, con frecuencia la gente intentará ser amable y conciliadora con quienes la rodean, en la creencia de que eso incitará a cambio la misma respuesta. Pero muy a menudo la experiencia demuestra que esta lógica es errónea: con el tiempo, la gente a la que tratas con amabilidad te dará por descontado. Te creerá débil y explotable. Ser generoso no incita gratitud, sino que crea niños mimados o personas que resienten una conducta percibida como caridad.

Quienes contra las evidencias creen que la amabilidad engendra amabilidad están condenados a fracasar en cualquier clase de negociación, por no hablar del juego de la vida. La gente responde en forma amable y conciliadora sólo cuando es en su interés y tiene que hacerlo. Tu meta es crear ese imperativo volviéndole costoso pelear. Si cedes a la presión del deseo de ser conciliador y ganar su confianza, sólo le darás la oportunidad de dilatarse, engañar y aprovecharse de tu amabilidad. Así es la naturaleza humana. A lo largo de los siglos, quienes han librado guerras han aprendido esta lección por la vía difícil.

Al seguir avanzando, al sostener una presión implacable, obligas a tus enemigos a responder y, en última instancia, a negociar. Si avanzas un poco cada día, los intentos por aplazar la negociación sólo debilitarán su posición. Tú demuestras tu resolución y determinación, y no con gestos simbólicos, sino haciendo verdadero daño. No persistes en tu avance para tomar territorios o posesiones, sino para situarte en la posición más fuerte posible y ganar la guerra. Una vez que hayas obligado a tus enemigos a llegar a un acuerdo, tendrás margen para hacer concesiones y devolver una parte de lo que tomaste. En el proceso podrías incluso parecer amable y conciliador.

A veces, en la vida te tocará ser la parte débil, sin ningún peso real. En esas ocasiones, es aún más importante seguir avanzando. Al mostrar fortaleza y resolución y mantener la presión, encubrirás tus debilidades y obtendrás apoyos que te permitirán generar recursos.

Comprende: si eres débil y pides poco, recibirás poco. Pero si actúas enérgicamente, haciendo demandas firmes y hasta extravagantes, crearás la impresión opuesta: la gente pensará que tu seguridad se basa sin duda en algo real. Te ganarás respeto, lo que se traducirá en poder. Una vez que te hayas establecido en una posición fuerte, podrás llegar más lejos negándote a hacer arreglos, dejando en claro que estás dispuesto a retirarte de la mesa —forma efectiva de coerción. La otra parte podría considerarlo un exceso, pero tú te cerciorarás de que haya un precio que pagar por ello: mala publicidad, por ejemplo. Y si a la larga cedes un poco, será mucho menos que los arreglos que ella te habría impuesto de haber podido.

El gran diplomático y escritor británico Harold Nicholson pensaba que había dos tipos de negociadores: los guerreros y los tenderos. Los guerreros usan las negociaciones como medio para ganar tiempo y conseguir una posición más fuerte. Los tenderos operan sobre el principio de que es más importante establecer confianza, moderar las demandas de cada parte y llegar a un arreglo mutuamente satisfactorio. Ya sea en la diplomacia o en los negocios, el problema se presenta cuando los tenderos suponen tratar con otro tendero, sólo para descubrir que se hallan frente a un guerrero.

Sería útil saber de antemano a qué tipo de negociador te enfrentas. La dificultad es que los guerreros hábiles son maestros del disfraz: en un principio parecerán sinceros y amistosos, y revelarán su naturaleza guerrera cuando sea demasiado tarde. Al resolver un conflicto con un enemigo que no conoces bien, siempre es mejor protegerte haciéndote pasar por guerrero: negocia mientras avanzas. Siempre habrá un momento para retroceder y remediar las cosas si llegas demasiado lejos. Pero si eres presa de un guerrero, no podrás recuperar nada. En un mundo en el que cada vez hay más guerreros, tú también debes estar dispuesto a empuñar la espada, aun si eres tendero de corazón.

Imagen: *El palo. Puedes hablar suave y amablemente, pero la otra parte ve que sostienes algo temible en la mano. No tiene por qué sentir el dolor de un golpe en la cabeza; sabe que el palo está ahí, que no se irá, que lo has usado antes y que duele. Es mejor terminar la discusión y negociar un arreglo, a cualquier precio, que arriesgar un doloroso porrazo.*

Autoridad: *No nos consideramos vencedores hasta un día después de la batalla, ni vencidos hasta cuatro días después [...] Llevemos siempre la espada en la mano y la rama de olivo en la otra, invariablemente dispuestos a negociar, pero a negociar sólo mientras avanzamos.* —Príncipe Klemens von Metternich (1773-1859)

LEY

22

APRENDE A TERMINAR LAS COSAS

LA ESTRATEGIA DE SALIDA

En este mundo te juzgan por lo bien que pones fin a las cosas. Una conclusión desordenada o incompleta puede reverberar años enteros, y arruinar tu fama en el proceso. El arte de terminar bien las cosas radica en saber cuándo detenerse, nunca llegar tan lejos como para agotarte o crear enemigos encarnizados que te embrollen en futuros conflictos. También supone acabar con la nota correcta, con energía y estilo. No es simplemente cuestión de ganar la guerra, sino de la manera en que la ganas, la forma en que tu victoria te prepara para el siguiente round. El culmen de la sabiduría estratégica es evitar todo conflicto y enredo sin salida realista.

CLAVES PARA LA GUERRA

Si se tira muy alto, no se da en el blanco. Si un pájaro no llega a su nido sino que vuela cada vez más alto, terminará por caer en la red del cazador. Quien en momentos de extraordinaria prominencia de pequeñas cosas no sabe cómo hacer alto, sino que busca incansablemente llegar cada vez más lejos, atrae la desgracia de manos de los dioses y los hombres, porque se desvía del orden de la naturaleza.

I Ching, China, circa siglo VIII a. C.

Hay tres tipos de personas en el mundo. Primero están los soñadores y los habladores, quienes inician sus proyectos con una explosión de entusiasmo. Pero esta explosión de energía se consume pronto, conforme esas personas tropiezan con el mundo real y el arduo trabajo necesario para llevar a cabo cualquier proyecto. Son criaturas emocionales que viven principalmente en el momento; pierden con facilidad el interés cuando algo nuevo atrapa su atención. Su vida está repleta de proyectos a medio terminar, incluidos algunos que apenas pasaron de una ilusión.

Después están quienes llevan a su término todo lo que emprenden, ya sea porque deben hacerlo o porque pueden dirigir el esfuerzo. Pero cruzan la línea de meta con menos entusiasmo y energía que con los que empezaron. Esto estropea el fin de la campaña. Como están impacientes por terminar, el final parece apresurado y remendado. Y deja en los demás una sensación de ligera insatisfacción; no es memorable, no perdura, no tiene resonancia.

Ambos tipos de personas inician cada proyecto sin una idea clara de cómo terminarlo. Y conforme el proyecto avanza, difiriendo inevitablemente de lo que habían imaginado, no saben cómo salir de él y si abandonarlo o simplemente precipitarse al final.

El tercer grupo consta de quienes comprenden una ley primaria del poder y la estrategia: el final de algo —un proyecto, una campaña, una conversación— posee extraordinaria importancia para los individuos. Resuena en la mente. Una guerra puede empezar con grandes fanfarrias y producir muchas victorias, pero si termina mal, eso es lo que todos recordarán. Conociendo la importancia y resonancia emocional de la conclusión de cualquier cosa, las personas de este tercer grupo entienden que la cuestión no es nada más terminar lo que comienzan, sino terminarlo bien: con energía, mente clara y un ojo en los efectos, la forma en que el hecho perdurará en la memoria de la gente. Estas personas empiezan invariablemente con un plan claro. Cuando ocurren reveses, como es inevitable que suceda, son capaces de mantener la calma y pensar de modo racional. Planean no sólo el final, sino también lo que viene después, las consecuencias. Éstos son quienes crean las cosas que permanecen: una paz significativa, una obra de arte memorable, una larga y fructífera trayectoria.

Si te concentras exclusivamente en la victoria, sin reparar en sus efectos, podrías fatigarte demasiado para beneficiarte de la paz, en tanto que es casi seguro que la paz será mala, pues contendrá gérmenes de otra guerra. Ésta es una lección confirmada por abundantes experiencias.

Strategy, B. H. LIDDELL HART, 1954

No basta con planes brillantes y conquistas acumuladas. Puedes convertirte en víctima de tu propio éxito si permites que la victoria te induzca a llegar más lejos, te haces de enemigos aguerridos, ganas la batalla pero pierdes el juego político posterior. Lo que necesitas es un tercer ojo estratégico: la capacidad de mantener tu concentración en el futuro mientras operas en el presente, y de terminar tus acciones en una forma que sirva a tus intereses para la siguiente ronda bélica. Este tercer ojo te ayudará a contrarrestar las emociones que insidiosamente pueden contaminar tus inteligentes estrategias, en particular la cólera y el deseo de venganza.

La cuestión crítica en la guerra es saber cuándo detenerte, cuándo efectuar tu salida y llegar a un acuerdo. Deténte demasiado pronto y perderás todo lo que hayas ganado en tu avance, habrás dado muy poco tiempo para que el conflicto te indique adónde va. Deténte demasiado tarde y sacrificarás tus triunfos agotándote, tomando más de lo que puedes manejar, haciéndote de un enemigo feroz y vengativo.

Imagina que todo lo que haces tiene un momento de perfección y fructificación. Tu meta debe ser terminar

Saber llegar al término. *Los maestros de primera categoría se revelan por el hecho de que en lo grande y en lo pequeño saben llegar de un modo perfecto al término, ya sea el término de una melodía o de un pensamiento del quinto acto de una tragedia o de una acción política. Los primeros de la segunda categoría siempre, hacia el final, se ponen inquietos y no caen al mar con la misma mesura altiva y serena que, por ejemplo, la montaña de Portofino —allí donde el golfo de Génova llega al término de su melodía.*

La gaya ciencia, FRIEDRICH NIETZSCHE, 1882

tu proyecto ahí, en esa cúspide. Sucumbe al final al cansancio, el aburrmiento o la impaciencia y no llegarás a esa cúspide. La codicia y el delirio de grandeza te harán llegar demasiado lejos. Para concluir en ese momento de perfección, debes tener la noción más clara posible de tus metas, de lo que realmente deseas. También debes conocer a fondo tus recursos: ¿qué tan lejos puedes llegar en la práctica? Esta conciencia te dará una sensación intuitiva del punto culminante.

Victoria y derrota son lo que haces con ellas; es la forma en que las manejas lo que importa. Como la derrota es inevitable en la vida, debes dominar el arte de perder limpia y estratégicamente. Primero, piensa en tu perspectiva mental, cómo asimilas psicológicamente la derrota. Vela como un revés temporal, algo que te despierta y te enseña una lección; e incluso al perder, termina con una nota alta y una ventaja: la de estar mentalmente preparado para lanzarte a la ofensiva en la siguiente ronda. Con demasiada frecuencia, quienes tienen éxito se vuelven blandos e imprudentes; tú debes dar la bienvenida a la derrota como un medio para ser más fuerte.

Segundo, debes ver toda derrota como una manera de demostrarles a los demás algo positivo de ti mismo y de tu carácter. Esto quiere decir mantenerte de pie, no mostrar signos de rencor o cautela.

Tercero, si ves que la derrota es inevitable, lo mejor suele ser retirarte. De esta manera terminarás con una nota alta aun si pierdes. Esto ayuda a unir a las tropas, dándoles esperanza en el futuro. Sembrar las semillas de la victoria futura en la derrota presente es brillantez estratégica del mayor orden.

Por último, puesto que todo final es una especie de principio de la siguiente fase, suele ser una estrategia sabia terminar con una nota ambivalente. Si te reconcilias con un enemigo después de una batalla, da a entender sutilmente que sigues teniendo un residuo de duda; que la otra parte aún debe demostrarte su buena fe. Cuando una campaña o proyecto llega a su fin, deja a la gente sintiendo que no puede prever qué harás después; manténla en suspenso, jugando con su atención. Al terminar con una nota de misterio y ambigüedad —una señal mixta, un comentario insinuante, un toque de duda—, tomas la delantera para la siguiente ronda en la más sutil e insidiosa de las maneras.

Imagen:
El sol. Cuando termina su curso y se oculta en el horizonte, deja tras de sí un brillante y memorable resplandor. Siempre se desea su retorno.

Autoridad: *Vencer no es nada. Hay que beneficiarse del triunfo.* —Napoleón Bonaparte (1769-1821)

Parte V

Guerra no convencional (sucia)

Un general que libra una guerra debe buscar constantemente una ventaja sobre su adversario. La mayor ventaja procede del factor sorpresa, de atacar a los enemigos con estrategias novedosas, ajenas a su experiencia, completamente no convencionales. Está en la naturaleza de la guerra, sin embargo, que al paso del tiempo cualquier estrategia de posible aplicación se ensaye y someta a prueba, así que la búsqueda de lo nuevo y poco convencional tiene una tendencia innata a ser cada vez más extremosa. Al mismo tiempo, los códigos morales y de ética que rigieron sobre la guerra durante siglos se han relajado gradualmente. Estos dos efectos convergen en lo que hoy llamamos "guerra sucia", en la cual todo se vale, hasta la muerte de miles de civiles desprevenidos. La guerra sucia es política, engañosa y sumamente manipuladora. A menudo el último recurso del débil y el desesperado, usa todos los medios disponibles para nivelar el campo de juego.

Lo no convencional tiene su propia lógica, que debes entender. Primero, nada es nuevo mucho tiempo. Quienes dependen de la novedad deben hallar constantemente una idea fresca que vaya contra las ortodoxias del momento. Segundo, la gente que usa métodos no convencionales es muy difícil de combatir. La clásica ruta directa —el uso de la fuerza— no funciona. Debes usar métodos indirectos para combatir lo indirecto, pelear fuego contra fuego, aun a costa de que incurras en lo sucio. Tratar de mantenerte limpio por un imperativo moral es arriesgarte a la derrota.

Los capítulos de esta sección te iniciarán en las diversas formas de la heterodoxia. Están destinados a ofrecerte una mejor comprensión de la diabólica psicología implicada en cada una de las estrategias, para que puedas armarte de la defensa adecuada.

LEY

23

TEJE UNA MEZCLA INCONSÚTIL DE REALIDAD Y FICCIÓN

ESTRATEGIAS DE PERCEPCIÓN ERRÓNEA

Dado que ninguna criatura puede sobrevivir sin la capacidad de ver o sentir qué pasa a su alrededor, dificúltales a tus enemigos saber qué pasa a su alrededor, incluido lo que tú haces. Perturba su enfoque y debilitarás sus facultades estratégicas. Las percepciones de la gente son filtradas por sus emociones; tiende a interpretar el mundo según lo que quiere ver. Alimenta sus expectativas, fabrica una realidad acorde con sus deseos y se confundirá. Los mejores engaños se basan en la ambigüedad, la mezcla de realidad y ficción de tal modo que una no pueda desenredarse de la otra. Controla la forma en que los demás perciben la realidad y los controlarás a ellos.

CLAVES PARA LA GUERRA

Dudley Clarke fue invariablemente claro —y más adelante se demostrará que es una lástima que otros no lo hayan sido— en que, mediante el engaño, nunca es posible persuadir a un enemigo de nada que no sea acorde a sus expectativas, las que usualmente no están muy lejos de sus esperanzas. Únicamente usando sus conocimientos resulta posible hipnotizarlo, no sólo para que piense, sino también para que haga lo que uno quiere.
Master of Deception,
DAVID MURE, 1980

En la historia antigua de la guerra, los jefes militares encaraban el siguiente dilema: el éxito de todo esfuerzo bélico dependía de la capacidad de saber lo más posible sobre la otra parte: sus intenciones, sus fortalezas y debilidades. Pero el enemigo nunca revelaba voluntariamente esa información.

La única solución era escudriñar al enemigo a partir de señales externas de lo que ocurría adentro. Un estratega podía contar los fogones de cocina en el campamento enemigo, por ejemplo, y los cambios en ese número en el curso del tiempo; esto indicaba el tamaño del ejército y si crecía por el arribo de reservas o decrecía por dividirse, o por la deserción de soldados.

Ese jefe también sabía que así como observaba a la otra parte, ésta lo observaba a él. Al ponderar este juego de toma y daca de interpretación de las apariencias, ciertos estrategas instruidos en culturas alrededor del mundo tuvieron una epifanía similar: ¿por qué no distorsionar deliberadamente las señales que examina el enemigo? ¿Por qué no engañarlo jugando con las apariencias? Si el enemigo cuenta nuestros fogones de cocina, así como nosotros los suyos, ¿por qué no encender más fogones, o menos, para crear una falsa impresión de nuestra fuerza? Un enemigo que cree conocer nuestro tamaño e intenciones y que ignora que ha sido engañado actuará a partir de sus conocimientos falsos y cometerá todo tipo de errores. Moverá a sus hombres para combatir a un enemigo que no está ahí. Peleará contra sombras.

Enfrentamos una dinámica similar en nuestras batallas diarias. Somos criaturas sociales, y nuestra felicidad, aun nuestra sobrevivencia, depende de la capacidad para comprender lo que los demás traman y piensan. Pero como no podemos entrar a su cabeza, tenemos que interpretar las señales de su conducta externa. A esto se debe que, en el reino social, aprendamos desde temprana edad a usar el engaño: decirles a los demás lo que quieren oír, ocultar nuestros verdaderos pensamientos, proteger la verdad, engañar para causar mejor impresión. Muchos de estos engaños son enteramente inconscientes.

Como las apariencias son críticas, y el engaño inevitable, lo que necesitas es elevar tu juego: volver tus engaños más conscientes y hábiles. Es mucho lo que puedes aprender de las artes militares del engaño, las cuales se basan en imperecederas leyes de la psicología y son infinitamente aplicables a las batallas de la vida diaria.

Las siguientes son las seis formas principales del engaño militar, cada una de ellas con su propia ventaja.

> Obra maestra de traición. *Expresar contra un conjurado la enojosa sospecha de que os traiciona, en el momento mismo en que traicionáis, es un golpe maestro, porque obligáis a aquél a ocuparse de su persona y a mostrar durante algún tiempo una conducta exenta de toda sospecha, franca y abierta; de modo que el verdadero traidor queda enteramente libre para proceder.*
>
> *Humano, demasiado humano*, FRIEDRICH NIETZSCHE, 1878

El frente falso. Ésta es la más antigua forma de engaño militar. Originalmente implicaba hacer creer al enemigo que se era más débil de lo que en verdad se era. Un jefe militar fingía una retirada, por ejemplo, poniendo una trampa para que el enemigo se precipitara en ella, atrayéndolo a una emboscada.

Controlar el frente que presentas al mundo es la más crítica habilidad de engaño. La gente responde muy directamente a lo que ve, a lo que es más visible para sus ojos. Si pareces astuto —si pareces engañoso—, subirá la guardia y será imposible engañarla. En cambio, debes presentar un frente que haga lo contrario: desarmar sospechas. El mejor frente en este caso es la debilidad, lo que hará sentir a la otra parte que es superior a ti.

En general, debes presentar al mundo una cara que indique lo contrario de lo que realmente planeas hacer. Si te preparas para atacar, muéstrate impreparado para

Apariencia e intención engañan inevitablemente a la gente cuando se usan con artificio, aun si la gente cree que hay una intención ulterior detrás de la abierta apariencia. Cuando se ponen trampas y los adversarios caen en ellas, se gana dejándolos actuar con base en el ardid. En cuanto a los que no caen en la trampa abierta, se tiene puesta otra. Así, aun si los adversarios no han caído en la trampa original, en realidad lo harán.
Transmisión familiar en el arte de la guerra, YAGYU MUNENORI, 1571-1646

el combate o demasiado cómodo y relajado para tramar la guerra.

El ataque señuelo. Éste es otro ardid que data de tiempos antiguos, y sigue siendo quizá la treta más común de los ejércitos. Surgió como una solución a un problema: si el enemigo sabía que atacarías el punto A, concentraba ahí todas sus defensas y hacía tu trabajo demasiado difícil. La única respuesta era hacer marchar a tu ejército al punto B o, mejor aún, enviar a parte de tu ejército en esa dirección mientras mantenías tropas de reserva para tu objetivo real.

El ataque señuelo también es una estrategia crítica en la vida diaria, en la que debes preservar el poder de ocultar tus intenciones. Para impedir que la gente defienda los puntos que deseas atacar, debes seguir el modelo militar y efectuar acciones verdaderas en dirección a la meta que no te interesa.

Camuflaje. La capacidad para entremezclarse con el entorno es una de las formas más aterradoras de engaño militar. Impedir que tus enemigos te vean hasta que es demasiado tarde es una forma devastadora de controlar sus percepciones.

La estrategia del camuflaje puede aplicarse a la vida diaria de dos maneras. Primero, siempre es bueno ser capaz de entremezclarse con el paisaje social, para evitar llamar la atención a menos que decidas hacerlo. Segundo, si preparas un ataque de cualquier tipo y empiezas entremezclándote con el entorno, sin mostrar ningún signo de actividad, tu ataque parecerá proceder de ninguna parte, duplicando así su potencia.

El patrón hipnótico. Los seres humanos tendemos naturalmente a pensar en términos de patrones. Nos gusta ver que los hechos se ajustan a nuestras expectativas y que caben en un patrón o esquema, ya que los esquemas, cualquiera que sea su contenido real, nos consuelan al sugerir que el caos de la vida es predecible. Este hábito mental ofrece excelente terreno para el engaño: la creación deliberada de cierto patrón para hacer creer a tus enemigos que tu siguiente acción se adecuará a él. Habiéndolos inducido a la complacencia, dispones de margen para hacer lo contrario de lo que esperan, romper el patrón y tomarlos por sorpresa.

En tiempo de guerra, la verdad es tan preciosa que se le debería proteger siempre con un guardaespaldas de mentiras.

WINSTON CHURCHILL, 1874-1965

Información sembrada. La gente es mucho más propensa a creer algo que ve con sus propios ojos que algo que le dicen. Es más propensa a creer algo que descubre que algo que se le impone.

Por bueno que seas para mentir, cuando engañas es difícil que seas completamente natural. A eso se debe que sea tan efectivo divulgar tus engaños por medio de personas a las que mantienes ignorantes de la verdad, personas que creen la mentira. Al trabajar con agentes dobles de este tipo, siempre es recomendable proporcionarles en principio alguna información veraz; esto establecerá la credibilidad de la inteligencia que transmiten. Luego serán los conductos perfectos de tus mentiras.

Sombras dentro de sombras. Las maniobras de engaño son como sombras deliberadamente proyectadas: el enemigo responde a ellas como si fueran sólidas y reales, lo que en sí mismo es un error. En un mundo sofisticado y competitivo, sin embargo, ambas partes conocen el juego, y el enemigo alerta no necesariamente dará por buena la sombra que arrojes. Así que tienes que llevar el arte del engaño a un nivel superior, proyectando sombras *dentro* de sombras, para impedir a tus enemigos distinguir entre realidad y ficción. Vuelves todo tan ambiguo e incierto, esparces tanta niebla, que aun si eres sospechoso de engaño, no importa; la verdad no puede desenredarse de la mentira, y lo único que la sospecha produce a tus enemigos es tormento. Entre tanto, mientras se esfuerzan en deducir lo que persigues, pierden tiempo y recursos valiosos.

Imagen: *La niebla. Impide conocer forma y color de los objetos. Aprende a crear la suficiente y te librarás de la mirada intrusa del enemigo; tendrás margen de maniobra. Sabes adónde vas mientras el enemigo se extravía, cada vez más sumido en la niebla.*

Autoridad: *Quien es bueno para combatir al enemigo lo engaña con movimientos inescrutables, lo confunde con inteligencia falsa, lo hace relajarse ocultando su fortaleza propia [...] lo ensordece revolviendo sus propias órdenes y señales, lo ciega alterando sus banderas e insignias [...] confunde el plan de batalla del enemigo ofreciendo datos distorsionados.* —Tou Bi Fu Tan, *A Scholar's Dilettante Remarks on War* (siglo XVI d.C.)

LEY

24

ADOPTA LA LÍNEA MENOS ESPERADA

LA ESTRATEGIA DE LO ORDINARIO-EXTRAORDINARIO

La gente espera que tu conducta se ajuste a los patrones y convenciones establecidos. Tu tarea como estratega es arruinar sus expectativas. Sorpréndela y el caos y lo impredecible —que ella trata deseperadamente de mantener a raya— entrarán a su mundo; y en el consecuente desorden mental, caerán sus defensas y ella será vulnerable. Haz primero algo ordinario y convencional para fijar su imagen de ti, y sorpréndela después con lo extraordinario. El terror es mayor por repentino. Nunca confíes en una estrategia heterodoxa que haya funcionado antes: será convencional para la segunda ocasión. A veces lo ordinario es extraordinario por inesperado.

GUERRA NO CONVENCIONAL

Todo lo que el enemigo menos espera resultará lo mejor. Si confía para su seguridad en una cadena montañosa que cree inconquistable, y tú cruzas esas montañas por caminos desconocidos para él, para empezar se confundirá, y si lo apremias no tendrá tiempo para recuperarse de su consternación. De igual manera, si se coloca detrás de un río para defender el cruce y encuentras un vado arriba o abajo por el cual atravesar y que él desconozca, la sorpresa lo descompondrá y confundirá [...].
FEDERICO EL GRANDE, 1712-1786

Hace miles de años, los jefes militares —sabedores de las apuestas increíblemente altas implicadas en la guerra— buscaban por todas partes cualquier cosa que pudiera dar la ventaja a su ejército en el campo de batalla. Algunos generales particularmente astutos ideaban novedosas formaciones de tropas o un uso innovador de la infantería o la caballería: la novedad de la táctica impedía al enemigo preverla. Siendo inesperada, creaba confusión en él. Un ejército que había obtenido de este modo la ventaja de la sorpresa, a menudo podía convertirla en victoria en el campo de batalla, y tal vez en una cadena de victorias.

El enemigo, sin embargo, se empeñaba en dar con una defensa contra la nueva estrategia, cualquiera que fuera, y con frecuencia muy pronto encontraba una. Así que lo que alguna vez había brindado un brillante éxito y era el epítome de la innovación, dejaba de funcionar en poco tiempo, y de hecho se volvía convencional. Además, en el proceso de elaborar una defensa contra una estrategia novedosa, el propio enemigo solía verse obligado a innovar; era entonces su turno de introducir algo sorpresivo y terriblemente eficaz. Y así continuaba el ciclo. La guerra siempre ha sido despiadada; nada es no convencional por mucho tiempo. Todo se reduce a innovar o morir.

En la época moderna, el constante reto a exceder al enemigo con algo nuevo y no convencional ha dado un giro hacia la guerra sucia. Relajando los códigos de honor y moral que en el pasado limitaron lo que un general podía hacer (al menos hasta cierto punto), los ejércitos modernos han abrazado poco a poco la idea de que todo se vale. Tácticas guerrilleras y terroristas se han conocido desde tiempos antiguos; ahora se han vuelto no sólo más comunes, sino también más estratégicas y refinadas.

La propaganda, la desinformación, la guerra psicológica, el engaño y los medios políticos para librar guerras se han convertido en ingredientes activos de toda estrategia no convencional. Una contraestrategia suele desarrollarse para hacer frente a lo más reciente en la guerra sucia, pero a menudo implica caer en el nivel del enemigo, combatiendo fuego con fuego. El enemigo sucio se adapta a ello hundiéndose en un nivel más sucio todavía, creando así una espiral descendente.

Haz un movimiento en falso, no para que pase por genuino, sino para transformarlo en genuino luego de que el enemigo se haya convencido de su falsedad.

The Wiles of War: 36 Military Strategies from Ancient China, traducción de SUN HAICHEN, 1991.

Esta dinámica es particularmente intensa en la guerra, pero permea todos los aspectos de la actividad humana. Si tú te mueves en el medio de la política y los negocios y tus adversarios o competidores dan con una estrategia novedosa, debes adaptarte a ella para tus propósitos, o mejor aún, superarla. Su táctica alguna vez nueva se vuelve convencional entonces, y en última instancia inútil. Nuestro mundo es tan ferozmente competitivo que una parte terminará casi siempre recurriendo a algo sucio, fuera de los antiguos códigos de conducta aceptada. Ignora esa espiral por un sentido moral o de orgullo y te pondrás en severa desventaja; estás condenado a responder, con toda probabilidad para pelear un poco sucio tú mismo.

Esta espiral domina no sólo la política y los negocios, sino también la cultura, con su desesperada búsqueda de lo impactante y novedoso para atraer atención y conseguir una aclamación momentánea. Todo se vale. La celeridad de este proceso ha aumentado exponencialmente al paso del tiempo; lo que hace unos años era no convencional en las artes, ahora parece insoportablemente trillado y el colmo del conformismo.

Lo que consideramos no convencional ha cambiado a lo largo de los años, pero las leyes que vuelven efectivo lo no convencional, basadas como están en la psicología

Me obligué a contradecirme para no conformarme con mi gusto.
MARCEL DUCHAMP, 1887-1968

elemental, son eternas. Y una vez que tú comprendas la esencia de la guerra no convencional, podrás usarla en tu vida diaria.

La guerra no convencional tiene cuatro importantes principios, tomados de los grandes practicantes de este arte.

Opera fuera de la experiencia del enemigo. Los principios de la guerra se basan en precedentes: una especie de canon de estrategias y contraestrategias se ha desarrollado a través de los siglos, y como la guerra es tan peligrosamente caótica, los estrategas terminan por depender de esos principios a falta de otra cosa. Filtran entonces lo que sucede por medio de lo que sucedió en el pasado. Los ejércitos que han estremecido al mundo, sin embargo, siempre han encontrado la manera de operar fuera de ese canon, y por lo tanto fuera de la experiencia del enemigo. Esta capacidad impone caos y desorden en el adversario, el cual no puede orientarse a la novedad y se desploma en el proceso.

Tu tarea como estratega es conocer bien a tus enemigos y usar después ese conocimiento para forjar una estrategia que vaya más allá de su experiencia. Lo que hayan podido leer o saber sobre el asunto importa menos que su experiencia personal, la cual domina su vida emocional y determina sus reacciones. Una vez que se usa una estrategia y ésta deja de ser ajena a la experiencia de tu enemigo, no tendrá el mismo efecto si la repites.

Desprende lo extraordinario de lo ordinario. Para los antiguos chinos, hacer algo extraordinario tenía poco efecto sin una preparación con algo ordinario. Tienes que combinar las dos cosas: fijar las expectativas de los contrincantes con una maniobra banal y ordinaria, un patrón cómodo cuyo seguimiento den por supuesto. Con el enemigo suficientemente hipnotizado, atácale después con lo extraordinario, una admirable demostración de fuerza desde un ángulo enteramente nuevo. Enmarcado en lo predecible, el golpe tiene doble impacto.

La maniobra no convencional que confundía a los enemigos, sin embargo, se había vuelto convencional para la segunda o tercera vez. Así, el general artero podía volver a la estrategia ordinaria que había usado antes para fijar la atención de los enemigos, y usarla ahora para su principal ataque, porque eso sería lo último que el enemigo esperaría. De este modo, lo ordinario y lo extraordinario sólo son efectivos si se turnan en una espiral incesante. Esto se aplica a la cultura tanto como a la guerra: para llamar la atención con un producto cultural, tienes que crear algo nuevo; pero algo sin ninguna referencia a la vida ordinaria no es poco convencional, sino algo meramente extraño. Lo verdadcramente impactante y extraordinario se desprende de lo ordinario. El entrelazamiento de lo ordinario y lo extraordinario es la definición misma del surrealismo.

Actúa tan extravagantemente como el zorro. Pese a las apariencias, un profundo desorden e irracionalidad acecha bajo la superficie de la sociedad y los individuos. A eso se debe que nos esforcemos tan desesperadamente por mantener el orden y que la gente que actúa en forma irracional pueda ser tan aterradora: demuestra que ha traspasado los muros que erigimos para mantener fuera lo irracional. No podemos predecir qué hará después, y tendemos a evitarla; no vale la pena enredarse con esas fuentes de caos. Por otro lado, esa gente también puede inspirar admiración y respeto, porque en secreto todos deseamos tener acceso a los mares irracionales que se agitan en nuestro interior. En tiempos antiguos, se creía que los locos eran objeto de la posesión divina; hoy sobrevive un residuo de esa actitud. Los más grandes generales siempre han tenido un toque de divina locura estratégica.

El secreto es mantener esa vena bajo control. Permítete operar en ocasiones en forma deliberadamente irracional, pero menos es más: hazlo demasiado y podrías acabar encerrado. En cualquier caso, atemorizarás más a la gente mostrando un ocasional destello de locura, justo lo suficiente para trastornar a todos y hacer que se pregunten qué vendrá después. Como opción, actúa en forma algo casual, como si lo que haces estuviera determinado por una tirada de dados. La casualidad es sumamente perturbadora para los seres humanos. Concibe esta conducta como una especie de terapia, una oportunidad para ceder de vez en cuando a lo irracional, un alivio de la opresiva necesidad de parecer siempre normal.

Mantén las ruedas en movimiento constante. Lo no convencional es generalmente dominio de los jóvenes, quienes no están conformes con las convenciones y derivan gran placer de burlarse de ellas. El peligro es que, cuando maduramos, necesitamos más comodidad y predictibilidad y perdemos el gusto por lo heterodoxo. Debes combatir el proceso del envejecimiento psicológico aún más que el físico, pues una mente llena de estratagemas, trucos y maniobras fluidas te mantendrá joven. Propónte romper los hábitos que has desarrollado, actuar en forma contraria a como has operado antes; practica una especie de guerra no convencional con tu propia mente. Mantén girando las ruedas y hollando el suelo para que nada se estanque ni ahogue en lo convencional.

Imagen:
El arado. El suelo debe prepararse. Las cuchillas del arado baten la tierra en constante movimiento, llevando aire al suelo. El proceso debe seguir cada año, o se esparcirá la maleza más perniciosa y el suelo hacinado ahogará toda vida. De la tierra, arada y fertilizada, pueden emerger las plantas más nutritivas y prodigiosas.

Autoridad: *Por regla general, en batalla se hace frente al enemigo de forma ortodoxa y se le vence de manera heterodoxa [...] Heterodoxia y ortodoxia se producen recíprocamente, en un ciclo sin fin. ¿Quién podría acabar con ellas?* —Sun-tzu (siglo IV a.C.)

LEY

25

OCUPA EL TRONO MORAL

LA ESTRATEGIA VIRTUOSA

En un mundo político, la causa que defiendes debe parecer más justa que la del enemigo. Concibe esto como un terreno moral que la otra parte y tú se disputan; cuestionando los motivos de tus adversarios y haciéndolos parecer malos, puedes reducir su base de apoyo y margen de maniobra. Pon la mira en los puntos débiles de su imagen pública, exponiendo sus hipocresías. Nunca supongas que la justicia de tu causa es evidente; hazla pública y promuévela. Cuando caigas bajo el ataque moral de un enemigo astuto, no te quejes ni enojes: pelea fuego contra fuego. De ser posible, sitúate como si fueras el desvalido, la víctima, el mártir. Aprende a infligir culpa como arma moral.

CLAVES PARA LA GUERRA

El coronel John Boyd prestaba particular atención a la dimensión moral y el esfuerzo de atacar moralmente a un adversario demostrando la disyunción entre creencias profesadas y actos. El nombre del juego para un designio moral de gran estrategia es usar el poder moral para amplificar el propio espíritu y fortaleza mientras se exponen las fallas de los sistemas rivales del adversario. En el proceso, se debería influir en los adversarios potenciales y reales para que tiendan a esa filosofía y sean empáticos con nuestro éxito.
The Mind of the War: John Boyd and American Security, GRANT T. HAMMOND, 2001

En casi todas las culturas, la moral —la definición del bien y el mal— se originó como una manera de diferenciar a una clase de personas de otra. Las sociedades usan ideas sobre lo que es y no es la moral para crear valores que les sean útiles. Cuando esos valores caducan o dejan de servir por cualquier otro motivo, la moral cambia y evoluciona lentamente.

Hay individuos y grupos, sin embargo, que usan la moral con un propósito muy distinto: no para mantener el orden social, sino para extraer una ventaja en una situación competitiva, como la guerra, la política o los negocios. Son expertos en ocupar el trono moral y traducirlo en una suerte de poder o ventaja.

Cuando tus enemigos intentan presentarse como más justificados que tú, y por lo tanto más morales, debes ver ese movimiento como lo que suele ser: no un reflejo de moral, de lo bueno y lo malo, sino una astuta estrategia.

La única respuesta efectiva es ser estratégico también. Una vez comenzada la pugna por el terreno moral, debes pelear por ocupar el promontorio tal como lo harías en una guerra a balazos.

Como cualquier otra forma de guerra, el conflicto moral tiene posibilidades tanto ofensivas como defensivas. Cuando estás a la ofensiva, te empeñas activamente en destruir el prestigio del enemigo.

Revelar las hipocresías de tu adversario es quizá el arma ofensiva más letal del arsenal moral: la gente odia naturalmente a los hipócritas. Los enemigos que proclaman ciertos valores como inherentes a su bando mas no siempre se adhieren a ellos en la realidad, son blancos muy jugosos.

Si una pugna con tus enemigos es inevitable, haz siempre todo lo posible por lograr que sean ellos los que la empiecen. De igual manera, aun si libras una guerra de agresión, busca la forma de presentarte no como conquistador, sino como libertador. No peleas por territorios o dinero, sino para liberar a personas que sufren bajo un régimen opresor.

Éste no es un mundo de ángeles sino de ángulos, donde los hombres hablan de principios morales pero se guían por principios de poder; un mundo donde nosotros siempre somos morales y nuestros enemigos siempre son inmorales.

Rules for Radicals, SAUL D. ALINSKY, 1909-1972

En general, en un conflicto potencialmente repugnante, en el que estás seguro de que el enemigo recurrirá a casi todo, es mejor que pases a la ofensiva con tu campaña moral y no esperes sus ataques. Abrir hoyos en el prestigio de la otra parte es más fácil que defender el tuyo.

La mejor defensa contra los guerreros morales es no darles blanco de ataque. Haz honor a tu buen nombre; practica lo que predicas, al menos en público; alíate a las causas más justas del momento. Haz que tus adversarios se empeñen tanto en minar tu fama que parezcan desesperados, y que sus ataques les exploten en la cara. La mejor defensa contra un ataque moral es haberte vacunado contra él de antemano, identificando dónde puedes ser vulnerable y tomando medidas preventivas.

Las guerras suelen librarse por interés propio: una nación se lanza a una guerra para protegerse de un enemigo invasor, o potencialmente peligroso, o para tomar territorios o recursos de un vecino. La moral es a veces un componente de esa decisión —en una guerra santa o cruzada, por ejemplo—, pero aun en este caso el interés propio suele desempeñar algún papel; a menudo, la moral es sólo una cubierta del deseo de más territorio, más riquezas, más poder.

Las guerras por interés propio usualmente terminan cuando los intereses del vencedor han sido satisfechos.

Quienes pelean por una razón moral pueden ser a veces los más peligrosos. Quizá estén sedientos de poder y

La maldad exitosa ha obtenido el nombre de virtud [...] cuando es en beneficio del reino.
THOMAS HOBBES, 1588-1679

usen la moral como cubierta; tal vez los motive un agravio oscuro y oculto; en cualquier caso, persiguen algo más que su interés propio. Aun si los vences, o al menos si te defiendes exitosamente de ellos, la prudencia podría ser en estas circunstancias lo más valeroso. Evita las guerras morales si puedes; no valen el tiempo que quitan ni los sucios sentimientos que remueven.

Imagen: *Gérmenes. Una vez que se meten en el cuerpo y lo atacan, se propagan rápido. Tus intentos por destruirlos suelen volverlos más fuertes y difíciles de expulsar. La mejor defensa es la prevención. Prevé el ataque y vacúnate contra él. Con estos organismos tienes que pelear fuego contra fuego.*

Autoridad: *El eje de la guerra no es sino el nombre y la rectitud. Obtén buen nombre para ti y da uno malo al enemigo; proclama tu rectitud y revela la indignidad del enemigo. Luego tu ejército podrá marchar con gran impulso, sacudiendo el cielo y la tierra.* —Tou Bi Fu Tan, *A Scholar's Dilettante Remarks on War* (siglo XVI d.C.)

LEY

26

NIÉGALES BLANCOS DE ATAQUE

LA ESTRATEGIA DEL VACÍO

La sensación de vacío —silencio, aislamiento, inacción con los demás— es intolerable para la mayoría de la gente. Como debilidad humana, ese temor ofrece terreno fértil para una estrategia eficaz: no des a tus enemigos blanco de ataque, sé peligroso pero elusivo e invisible y míralos después perseguirte en el vacío. Ésta es la esencia de la guerra de guerrillas. En vez de batallas frontales, realiza irritantes pero dañinos ataques laterales y correrías. Frustrados por la imposibilidad de usar su fuerza contra tu campaña vaporosa, tus adversarios se volverán irracionales y se cansarán. Haz de tu guerra de guerrillas parte de una gran causa política —una guerra popular— que culmine en una revolución irresistible.

CLAVES PARA LA GUERRA

A lo largo de los siglos, la guerra organizada ha tendido siempre a seguir cierta lógica, tan universal que casi parece inherente al proceso. Esta lógica es la siguiente: un líder decide llevar a su país a la guerra y forma un ejército con ese propósito. La meta de ese ejército es enfrentar y derrotar al enemigo en una batalla decisiva que imponga una rendición y condiciones favorables de paz. El estratega que guía la campaña debe hacerse cargo de un área específica, el teatro de guerra. Esta área suele ser relativamente limitada; maniobrar en vastos espacios abiertos complica la posibilidad de llevar la guerra a su conclusión. Operando dentro del teatro de guerra, entonces, el estratega idea conducir a su ejército a la batalla decisiva de tal forma que sorprenda al enemigo o lo ponga en desventaja.

Para mantener el vigor de sus fuerzas a fin de que den un golpe mortal, las concentra antes que dispersarlas. Quizá suponga varias batallas terminar la guerra, pues cada parte se empeñará en dominar las posiciones clave que le den el control del teatro, pero los jefes militares deben intentar terminarla lo más pronto posible. Cuanto más se prolongue, más se tensarán los recursos del ejército hasta un punto límite en que la capacidad de combatir se venga abajo. También la moral de los soldados decae con el tiempo.

Como en cualquier otra actividad humana, sin embargo, este positivo lado ordenado genera un negativo lado oscuro que contiene su propia forma de poder y lógica inversa. El lado oscuro es la guerra de guerrillas. Los rudimientos de la guerra de guerrillas se originaron hace miles de años, cuando naciones pequeñas eran invadidas por vecinos poderosos; para sobrevivir, sus ejércitos

Ése fue el sistema que España usó contra nosotros. Entre ciento cincuenta y doscientas bandas guerrilleras esparcidas por toda España habían jurado matar a treinta o cuarenta franceses al mes cada una; esto equivalía en total a entre seis y ocho mil hombres al mes. La orden fue no atacar nunca a soldados que viajaran en grupo, a menos que los guerrilleros fueran superiores en número. Pero disparaban contra todos los rezagados, atacaban a pequeñas escoltas e intentaban echar mano de fondos, correos y especialmente convoys del enemigo. Dado que todos los habitantes actuaban como espías de sus conciudadanos, los guerrilleros sabían cuándo saldrían los convoys y qué tan fuertes serían sus escoltas, y las bandas se cercioraban de ser del doble de ese tamaño. Conocían muy bien el país, y atacaban furiosamente en el lugar más favorable. El éxito coronaba a menudo sus empeños; pero siempre mataban a se veían forzados a huir del invasor, pues todo combate directo los habría destruido.

Los primeros guerrilleros conocieron el valor de operar en bandas pequeñas y dispersas en oposición a un ejército concentrado, manteniéndose en constante movimiento, nunca formando un frente, flanco o retaguardia que la otra parte atacara. El enemigo querría mantener confinada la guerra a un espacio particular; era preferible entonces extenderla al mayor territorio posible y llevarla a la campiña, lo que obligaba al enemigo a dispersarse a causa de la persecución; esto, a su vez, lo exponía a irrupciones y ataques sorpresa. El enemigo desearía naturalmente un rápido fin de la guerra, así que era deseable prolongarla lo más posible, haciendo del tiempo un arma ofensiva que consumiera al adversario con fricción y moral decreciente.

El poder de la guerra de guerrillas es esencialmente psicológico. En la guerra convencional, todo converge en la acción de dos ejércitos en batalla. Para esto se idea toda estrategia, y esto es lo que el instinto marcial requiere para liberar la tensión. Al posponer indefinidamente esa convergencia natural, el estratega guerrillero produce frustración intensa. Cuanto más dure esta corrosión mental, más extenuante será.

Por ser tan psicológica, la estrategia guerrillera es infinitamente aplicable al conflicto social. En la vida como en la guerra, nuestras ideas y emociones convergen en forma natural en momentos de contacto y combate con los demás. Nos topamos con personas deliberadamente elusivas muy desconcertantes, que evaden el contacto. Estos adversarios pueden obtener un poder inquietante sobre nuestra mente, y entre más lo preserven, más condicionados estaremos a pelear bajo sus condiciones.

La principal consideración debe ser siempre si una

muchos hombres, y la meta se alcanzaba. Dados doce meses, perdíamos a unos ochenta mil hombres al año, sin ninguna batalla campal. La guerra en España duró siete años, así que más de quinientos mil hombres fueron ejecutados [...] Pero eso sólo incluye a los eliminados por los guerrilleros. Si se añaden las batallas de Salamanca, Talavera y Vitoria, y otras que nuestras tropas perdieron; los sitios [...] el infructuoso ataque contra Cádiz, y se añaden también la invasión y evacuación de Portugal, las fiebres y varias enfermedades que la temperatura infligió a nuestros soldados, podrían añadirse trescientos mil soldados a esa cifra durante esos siete años [...] De lo dicho hasta aquí se desprende que el primer propósito de este tipo de guerra es causar la destrucción del enemigo casi sin que éste lo note; y así como una gota de agua que cae en la piedra terminará por abrir un hoyo en ella, la paciencia y la perseverancia son necesarias, siguiendo siempre el mismo sistema. A largo plazo, el enemigo sufrirá más por esto de

lo que sufrirá por perder batallas campales.
On Partisans and Irregular Forces, J. F. A. LE MIÈRE DE CORVEY, 1823

campaña de estilo guerrillero es apropiada para las circunstancias que enfrentas. Este estilo es especialmente eficaz, por ejemplo, contra un adversario agresivo pero astuto. Estos individuos no pueden soportar la falta de contacto con el enemigo. Viven para maniobrar y vencer con el ingenio y la acción. No tener nada que atacar neutraliza su astucia, y su agresión se convierte en su ruina.

Una vez que hayas determinado que una guerra de guerrillas es apropiada, echa un vistazo al ejército que usarás. Un gran ejército convencional nunca es conveniente; la fluidez y la capacidad de atacar desde muchos ángulos son lo que cuenta. El modelo organizativo es la célula: un grupo relativamente reducido de hombres y mujeres, cohesionado, dedicado, automotivado y disperso. Estas células deben penetrar el propio campamento enemigo.

El punto principal es evitar los canales formales de una organización y la tendencia al gigantismo y la concentración. Opta en cambio por la movilidad; haz que tu ejército sea ligero y clandestino. También puedes enlazar tus células guerrilleras con un ejército regular. Esta mezcla de lo convencional y lo no convencional puede resultar sumamente efectiva.

En cuanto hayas organizado tus células, debes buscar la manera de inducir al enemigo a atacarte. En la guerra esto se logra por lo general mediante el repliegue y el viraje posterior para atacar al enemigo con constantes correrías y emboscadas menores que no puedan ser ignoradas.

En la mayoría de los conflictos, el tiempo es un peligro, pues pone en operación la ley de Murphy: si algo puede marchar mal, lo hará. Si tu ejército es reducido y relativamente autosuficiente, sin embargo, hay menos cosas que pueden marchar mal, y entre tanto podrás ocuparte de que el paso del tiempo sea una pesadilla para el enemigo. La moral se hunde, los recursos se tensan. El efecto es exponencial: al surgir problemas inesperados, el enemigo empieza a cometer errores.

Haz del tiempo un arma ofensiva al elaborar tus estrategias. Idea tus maniobras para mantener a tus enemigos en marcha, creyendo siempre que una batalla más resolverá el problema. Deterióralos poco a poco; un revés repentino y agudo, una visión clara de la trampa que les has tendido, y se librarán antes de que el daño esté hecho. Deja que tomen posiciones clave que les den la ilusión de éxito. Se aferrarán tenazmente a ellas cuando tus correrías y ataques sorpresa aumenten en número. Luego, cuando ellos se debiliten, intensifica el ritmo de esos ataques. Déjalos abrigar esperanzas, déjalos pensar que todo sigue teniendo sentido, hasta que la trampa esté puesta. Entonces destruye su ilusión.

La esencia de la guerra de guerrillas es la fluidez. El enemigo siempre tratará de ajustarse a lo que hagas, intentando ubicarse en ese terreno desconocido. Debes estar preparado para cambiar y adoptar lo contrario de lo esperado: esto podría significar ocasionalmente combatir en forma convencional, concentrando tu ejército para atacar aquí o allá, y luego dispersándolo de nuevo. Tu meta es el desorden máximo y la falta de familiaridad. Recuerda: esta guerra es psicológica. La mente de tu enemigo quedará en el aire y será la primera en caer.

Imagen: *El mosquito. Casi todos los animales ofrecen un frente, retaguardia y lados por atacar o amenazar. Los mosquitos, en cambio, sólo te brindan un zumbido irritante, por todos lados y ángulos. No puedes perjudicarlos ni verlos. Tu piel, entre tanto, les ofrece blancos inagotables. Suficientes piquetes y sabrás que la única solución es dejar de pelear y alejarte lo más posible.*

Autoridad: *Todo lo que tiene forma puede ser vencido; todo lo que cobra forma puede ser atacado. Por eso los sabios esconden sus formas en la nada y dejan que su mente vuele en el vacío. —Huainanzi* (siglo II a.C.)

LEY

27

SIMULA DEFENDER LOS INTERESES AJENOS MIENTRAS PROMUEVES LOS TUYOS

LA ESTRATEGIA DE LA ALIANZA

La mejor forma de favorecer tu causa con el mínimo esfuerzo y derramamiento de sangre es forjar una red de alianzas siempre variable, para que los demás compensen tus deficiencias, hagan tu trabajo sucio, libren tus guerras y gasten energía tirando de ti. El arte consiste en elegir a los aliados que satisfagan las necesidades del momento y llenen los vacíos de tu poder. Dales regalos, ofréceles tu amistad, ayúdalos en caso de necesidad, todo para cegarlos a la realidad y ponerlos bajo sutil obligación contigo. Al mismo tiempo, intenta sembrar disensión en las alianzas de los demás, para debilitar a tus enemigos aislándolos. Mientras formas coaliciones convenientes, manténte libre de negativos enredos.

CLAVES PARA LA GUERRA

Seis en el tercer lugar significa: Encuentra un compañero. A veces toca el tambor, a veces deja de hacerlo. A veces suspira, a veces canta. Aquí el manantial de la fuerza del hombre se encuentra, no en él mismo, sino en su relación con los demás. No importa cuán cerca de ellos esté; si su centro de gravedad depende de ellos, inevitablemente lo arrastrarán aquí y allá, entre la alegría y las cuitas. Regocijado hasta los cielos, después triste hasta la muerte —éste es el destino de quienes dependen de un acuerdo interno con otras personas que aman [...].
I Ching, China, circa siglo VIII a. C.

Para sobrevivir y avanzar en la vida, nos vemos en la constante necesidad de usar a los demás con algún propósito, alguna urgencia: obtener recursos que no podemos conseguir por nosotros mismos, disponer de algún tipo de protección, compensar una habilidad o talento que no poseemos. Como descripción de relaciones humanas, sin embargo, la palabra "usar" tiene connotaciones desagradables, y en cualquier caso siempre nos gusta hacer que nuestras acciones parezcan más nobles de lo que son. Preferimos pensar en nuestras interacciones como relaciones de asistencia, asociación, amistad.

El primer paso es entender que todos usamos constantemente a otras personas para ayudarnos y favorecernos. No hay vergüenza en esto, ni motivo para sentirse culpable. Tampoco deberíamos tomar personalmente el hecho de darnos cuenta de que alguien nos usa; usar a la gente es una necesidad humana y social. Luego, con esta comprensión en mente, debes aprender a volver estratégicas esas necesarias alianzas, alineándote con gente que pueda darte algo que tú no podrías conseguir por tu cuenta. Las alianzas que más te ayudarán son las que involucran un mutuo interés propio.

Concibe tus alianzas como piedras para cruzar un río hacia una meta. En el curso de tu vida, saltarás constantemente de una piedra a otra para satisfacer tus necesidades. Tras cruzar un río particular, las dejarás atrás.

Debes ser profundamente realista, prever y mantener la situación lo más fluida posible. El aliado de hoy puede ser el enemigo de mañana. El sentimiento no cabe en este panorama. Si eres débil pero astuto, puedes adoptar lentamente una posición de fuerza pasando de una alianza a otra. El método contrario es hacer una alianza clave y aferrarte a ella, valorando la confianza y una relación establecida. Esto puede funcionar en periodos de estabilidad; pero en periodos de flujo, más comunes, puede resultar tu ruina: inevitablemente emergerán diferencias de intereses, y al mismo tiempo te será difícil desafanarte de una relación en la que has invertido tantas emociones. Es más seguro dar por hecho el cambio, mantener abiertas tus opciones y basar tus alianzas en la necesidad, no en la lealtad o en valores compartidos.

La clave para practicar este juego es reconocer a quien puede hacer avanzar mejor tus intereses en un momento dado. Ésta no es necesariamente la persona más poderosa en la escena, la que *parece* capaz de hacer más por ti; las alianzas que satisfacen necesidades específicas o responden a deficiencias particulares suelen ser más útiles. (Las solemnes alianzas entre dos grandes potencias son por lo general las menos efectivas.)

En las carreras ciclistas una estrategia común es no precipitarse al frente, sino mantenerse justo detrás del líder, posición que reduce la resistencia del viento; el líder enfrenta el viento por ti y te ahorra energía. En el último minuto, tomas la delantera a toda velocidad. Dejar que otros reduzcan la resistencia por ti y pierdan su energía en tu beneficio es el culmen de la economía y la estrategia.

Una de las mejores estratagemas en el juego de las alianzas es comenzar dando la impresión de ayudar a otra persona en una causa o pugna, con el único propósito de promover a la larga tus propios intereses. Es fácil encontrar a personas en esa situación; tienen una necesidad urgente, una debilidad temporal que tú puedes ayudar a remediar. Las pones así bajo una sutil obligación contigo, que puedes usar como te plazca: para dominar sus asuntos, desviar su energía en la dirección

Yo veía a la mayoría de las personas que conocía única y exclusivamente como criaturas que podía usar como cargadoras en mis viajes de ambición. Casi todos esos cargadores tarde o temprano se cansaban. Incapaces de soportar las largas marchas que yo les imponía a toda velocidad y bajo todas las condiciones climáticas, desfallecían en el camino. Tomaba a otros. Para agregarlos a mi servicio, prometía llevarlos donde yo mismo iba, a esa estación terminal de la gloria que los trepadores desean alcanzar desesperadamente [...].

La vida secreta de Salvador Dalí,
SALVADOR DALÍ, 1942

EL LEÓN Y EL ONAGRO

Un león y un onagro cazaban fieras: el león por medio de la fuerza y el onagro gracias a la rapidez de sus patas. Tras haber cazado unos animales, el león los distribuyó e hizo tres partes. Y dijo: "Cogeré la primera en calidad de jefe, pues soy el rey. La segunda como socio a medias; y la tercera parte te hará un gran mal, si no quieres huir de mí. Y, por cierto, desaparece ahora." Es bueno que uno se mida en todo conforme a su propia fuerza y no se una ni se asocie con otros más poderosos que él.

Fábulas, ESOPO, siglo VI a. C.

que desees. Las emociones que creas al ofrecer ayuda cegarán a la otra persona respecto de tu propósito ulterior.

Una variación del juego de las alianzas es fungir como mediador, el centro alrededor del cual giran otros poderes. Mientras te mantengas furtivamente autónomo, haces que quienes te rodean peleen por tu lealtad. La brillantez de esta variación es que por el solo hecho de asumir una posición central, puedes ejercer inmenso poder. Sólo preservarás poder en esta posición central si no te comprometes con nadie y te dejas cortejar por todos. En cuanto forjes cualquier alianza perdurable, tu poder se verá enormemente reducido.

Un componente clave del juego de las alianzas es la capacidad de manipular, e incluso destruir, las alianzas de otras personas, sembrando la disensión entre tus contrincantes para que riñan entre sí. Romper las alianzas de tu enemigo es tan bueno como hacer alianzas tú mismo.

Tu objetivo en este caso es provocar desconfianza. Haz que un socio sospeche del otro, difunde rumores, arroja dudas sobre los motivos de la gente, sé amable con uno de los aliados para poner celoso al otro. Divide y vencerás. La gente te acusará de irresponsable, amoral, traicionero. No permitas que eso te afecte. El único peligro real es que tu fama evite a la larga que la gente haga alianzas contigo, pero el interés propio rige al mundo. Pese a que digan que en el pasado te has beneficiado de otros y que podrías hacer lo mismo en el presente, tendrás aspirantes a aliados y compañeros de juego. Además, sé leal y generoso cuando exista una necesidad mutua. Y cuando muestres que no se te puede atrapar con el falso señuelo de la lealtad y la amistad permanentes, se te tratará en realidad con más respeto. Muchos se sentirán atraídos por tu manera realista y fogosa de practicar el juego.

Imagen: *Piedras para cruzar un río. La corriente es veloz y peligrosa, pero debes atravesarla en algún punto. Ahí se*

tienden piedras en línea caprichosa que pueden llevarte al otro lado. Si te detienes demasiado en una de ellas, perderás

el equilibrio. Si la pasas muy rápido o la esquivas, resbalarás. Salta ligeramente de una a otra y nunca mires atrás.

Autoridad: *Cuídate de las alianzas sentimentales en las que la conciencia de las buenas obras es la única compensación de nobles sacrificios.* —Otto von Bismarck (1815-1898)

LEY 28

DALES SUFICIENTE CUERDA A TUS RIVALES PARA QUE SE AHORQUEN

LA ESTRATEGIA DE AVENTAJAR A LOS DEMÁS

Los mayores peligros de la vida no suelen proceder de los enemigos externos, sino de nuestros supuestos colegas y amigos, que fingen trabajar por la causa común mientras intrigan para sabotearnos y robar nuestras ideas en su beneficio. Aunque, en la corte en que te desenvuelves, debes mantener la apariencia de consideración y civilidad, también debes aprender a derrotar a esa gente. Infunde dudas e inseguridades en esos rivales, para obligarlos a pensar demasiado y actuar a la defensiva. Indúcelos con sutiles retos que los exasperen, detonando una reacción exagerada, un penoso error. La victoria que persigues es aislarlos. Haz que se ahorquen solos con sus tendencias autodestructivas, sin tener que mancharte las manos.

EL ARTE DE AVENTAJAR A LOS DEMÁS

A lo largo de tu vida te verás peleando en dos frentes. Primero está el frente externo, tus enemigos inevitables; pero después, y de manera menos obvia, está el frente interno, tus colegas y compañeros cortesanos, muchos de los cuales intrigarán contra ti promoviendo sus agendas a tus expensas. Lo peor de esto es que con frecuencia tendrás que pelear en ambos frentes al mismo tiempo, encarando a tus enemigos externos mientras te esfuerzas por proteger tu posición interna, una lucha extenuante y agotadora.

La solución no es ignorar el problema interno (vivirás poco si lo haces) o manejarlo en forma directa y convencional, quejándote, actuando agresivamente o formando alianzas defensivas. Entiende: la guerra interna es no convencional por naturaleza. Como la gente que pertenece en teoría a un mismo bando suele hacer su mejor esfuerzo por mantener la apariencia de que forma parte del equipo y trabaja por el bien colectivo, quejarse de ella o atacarla sólo te hará quedar mal y te aislará. Al mismo tiempo, sin embargo, puedes dar por supuesto que esos ambiciosos sujetos operarán a trasmano y de modo indirecto. Afables y cooperativos por fuera, tras bambalinas son manipuladores y resbaladizos.

Adopta una forma de guerra adecuada para esas batallas imprecisas pero peligrosas, que acontecen todos los días. Y la estrategia no convencional que da mejores resultados en esta arena es el arte de aventajar a los demás. Desarrollado por los cortesanos más astutos de la historia, este arte se basa en dos premisas simples: primero, tus rivales alojan las semillas de su propia destrucción; segundo, un rival a quien se le hace sentir defensivo e inferior, así sea en forma sutil, tenderá a

CUÁNDO DAR UN CONSEJO

En mi opinión (aunque compárese la de Motherwell), sólo hay un momento indicado en que el jugador experto puede dar consejo, y es cuando ha alcanzado una delantera útil, aunque no necesariamente victoriosa. Digamos que tres y nueve en el golf o, en el billar, sesenta y cinco contra treinta de su contrario. La mayoría de los métodos aceptados son efectivos. Por ejemplo, en el billar sirve la vieja fórmula. Va así: Experto: Oye... ¿puedo decirte algo? Novato: ¿Qué? Experto: Tómalo con calma. Novato: ¿Qué quieres decir? Experto: Que... sabes pegar, pero te estiras en la mesa todo el tiempo. Mira, acércate a la bola. Observa la línea. Y pega. Cómodo. Fácil. Tan simple como eso. En otras palabras, el consejo debe ser vago, para tener la seguridad de que no sea útil. Pero, en general, si se le maneja adecuadamente, el mero ofrecimiento de un consejo es suficiente para colocar al experto en una posición casi invencible.

The Complete Upmanship, STEPHEN POTTER, 1950

actuar a la defensiva y a sentirse inferior, en su propio detrimento.

La personalidad de la gente suele formarse en torno a debilidades, defectos de carácter, emociones incontrolables. Las personas que se sienten necesitadas, o que tienen un complejo de superioridad, o que temen al caos, o que precisan desesperadamente del orden desarrollarán una personalidad —una máscara social— para encubrir esos defectos y ofrecer al mundo una apariencia segura, agradable y responsable. Pero esa máscara es como el tejido cicatrizal que cubre una herida: si la tocas en forma inconveniente, dolerá. Las reacciones de tus víctimas comenzarán a estar fuera de control: se quejarán, actuarán a la defensiva y en forma paranoica o mostrarán la arrogancia que se esfuerzan tanto en ocultar. La máscara caerá por un momento.

Callarse. *La manera más desagradable de replicar en una polémica es la de enojarse y la de callar, pues el agresor interpreta ordinariamente el silencio como desprecio.*
FRIEDRICH NIETZSCHE, 1844-1900

Cuando sientas que tienes colegas que pueden resultar peligrosos —o que en realidad ya traman algo—, intenta primero reunir inteligencia sobre ellos. Examina su comportamiento diario, sus acciones pasadas, sus errores, en busca de señas de sus deficiencias. Con este conocimiento en tu poder, estarás listo para el juego de aventajar a los demás. Empieza haciendo algo para aguijonear la herida de fondo, generando dudas, inseguridad, angustia. Podría ser un comentario casual o algo que tus víctimas sientan como un reto a su posición en la corte. Tu meta no es desafiarlas abiertamente, sin embargo, sino exasperarlas: se sentirán atacadas, pero no sabrán por qué o cómo. El resultado es una sensación vaga e inquietante. Una percepción de inferioridad se colará dentro de ellas.

Continúa después con acciones secundarias que alimenten sus dudas. En este caso suele ser preferible operar en forma encubierta, dejando que otras personas, los medios de información o el simple rumor hagan el trabajo

Hay otra manera de irritar los nervios. Durante la Guerra del Golfo, el presidente Bush no dejaba de pronunciar el nombre del líder iraquí como "SAD-am", lo que en sentido amplio significa "bolero". En el Capitolio, la mala pronunciación ritual del nombre de uno de sus miembros es una inveterada forma de fastidiar a los adversarios o celebrar la novatada de los recién llegados. Lyndon Johnson fue un maestro de esta práctica. Cuando era líder de la mayoría en el senado, escribe J. McIver Weatherford, la aplicaba con miembros recientes que votaban en forma equivocada: "Mientras palmeaba al joven colega en la espalda y le decía que comprendía, hacía trizas su nombre, como una metafórica declaración de lo que ocurriría si la deslealdad persistía".
The Art of Political Warfare, JOHN PITNEY, JR., 2000

por ti. El juego final es engañosamente simple: habiendo acumulado en tus víctimas suficientes dudas de sí mismas para detonar una reacción, das marcha atrás para permitir que el blanco se autodestruya. Debes evitar la tentación de regodearte o asestar un último golpe; en ese momento, de hecho, lo mejor es actuar amigablemente, e incluso ofrecer supuesta asistencia y consejo. La reacción de tus blancos de ataque será extremosa. Estallarán, cometerán un error penoso, se exhibirán demasiado o se volverán muy defensivos y harán todo lo posible por complacer a los demás, operando de manera obvia con el propósito de proteger su posición y validar su autoestima. Las personas defensivas ahuyentan inconscientemente a la gente.

En ese momento tu acción, en especial si fue sólo sutilmente agresiva, se olvidará. Lo que resaltará será la desmedida reacción y humillación de tus rivales. Tus manos están limpias, inmaculada tu reputación. Su pérdida de posición es tu ganancia: tú estás arriba, ellos abajo. Si los hubieras atacado directamente, tu ventaja habría sido temporal o nula; de hecho, tu posición política habría sido precaria: tus patéticos, sufrientes rivales habrían ganado simpatía por ser tus víctimas, y la atención se habría centrado en ti como responsable de su ruina. Por el contrario, deben caer por su propia espada. Tal vez tú les hayas dado una ayudadita, pero en cualquier medida posible a tus ojos, y ciertamente a los de todos los demás, sólo pueden culparse a sí mismos. Eso volverá su derrota doblemente irritante y doblemente efectiva.

Ganar sin que tu víctima sepa cómo ocurrió o simplemente qué hiciste es la culminación de la guerra no convencional. Domina este arte y no sólo te será más fácil pelear en los dos frentes al mismo tiempo, sino que, además, tu camino a las altas esferas será mucho más ligero.

Imagen:

La máscara. Cada actor en el repleto escenario lleva puesta una máscara: un rostro agradable y atractivo que muestra al público. Si un golpe aparentemente inocente de otro actor hace caer su máscara, se revelará un aspecto menos grato, que pocos olvidarán aun después de que la máscara haya sido recuperada.

Autoridad: Es común que demos a nuestros rivales los medios de nuestra propia destrucción. —Esopo (siglo VI a.C.)

LEY

29

MUERDE POCO A POCO

LA ESTRATEGIA DEL *FAIT ACCOMPLI*

Si pareces demasiado ambicioso, provocarás resentimiento en los demás; los aumentos explícitos de poder y bruscos ascensos a la cima son peligrosos, porque despiertan envidia, desconfianza y sospechas. A menudo la mejor solución es morder poco a poco, tragar pequeños territorios y jugar con los márgenes de atención, relativamente cortos, de la gente. Permanece bajo el radar y ella no verá tus movimientos. Y si lo hace, quizá ya sea demasiado tarde; el territorio es tuyo, un fait accompli. *Siempre podrás afirmar que actuaste en defensa propia. Antes de que la gente se dé cuenta, habrás acumulado un imperio.*

CLAVES PARA LA GUERRA

CHIEN/DESARROLLO (PROGRESO GRADUAL)
Este hexagrama está formado por Sun (madera, penetración) arriba, es decir afuera, y Ken (montaña, tranquilidad) abajo, esto es adentro. Un árbol plantado sobre una montaña evoluciona lentamente de acuerdo con la ley de su ser y, por consiguiente, está firmemente anclado en el suelo con sus raíces. Esto da la idea de un desarrollo que avanza en forma gradual, paso a paso. Los atributos de los trigramas también apuntan a esto: adentro hay tranquilidad que protege contra las acciones precipitadas, y afuera hay penetración que hace posible el desarrollo y el progreso.
I Ching, China, circa siglo VIII a. C.

La mayoría de la gente es conservadora por naturaleza. Desesperada por mantener lo que tiene, teme las consecuencias y situaciones imprevistas que el conflicto inevitablemente acarrea. Odia la confrontación y trata de evitarla.

Supongamos que hay algo que tú quieres o necesitas para tu seguridad y poder. Tómalo sin discusión ni advertencia y pondrás en un dilema a tus enemigos: pelear o aceptar la pérdida y dejarte en paz. ¿Lo que tomaste, y tu acción unilateral para hacerlo, valen la molestia, el costo y el peligro de librar una guerra? ¿Qué cuesta más: la guerra o la pérdida? Toma algo de verdadero valor y tus enemigos deberán decidir con todo cuidado. Toma en cambio algo pequeño y marginal y es casi imposible que opten por la batalla. Es probable que haya muchas más razones para dejarte en paz que para pelear por algo reducido. Has jugado de acuerdo con los instintos conservadores de tu enemigo, los que por lo general son más fuertes que los adquisitivos. Y pronto tu apropiación de ese bien se convierte en *fait accompli*, parte del *statu quo*, al que siempre es mejor dejar en paz.

Tarde o temprano, como parte de esta estrategia, darás otra pequeña mordida. Esta vez tus rivales serán precavidos; habrán empezado a ver un patrón. Pero, de nuevo, tomarás poco, y deberán preguntarse una vez más si combatirte vale el dolor de cabeza. Mordisquea lo que quieres y nunca provoques enojo, temor o desconfianza suficiente para hacer que la gente venza su natural renuencia a pelear. Deja pasar tiempo suficiente entre una mordida y otra y aprovecharás asimismo el corto alcance de la atención ajena.

La clave de la estrategia del *fait accompli* es actuar

rápido y sin discusión. Si revelas tus intenciones antes de emprender una acción, te expondrás a un montón de críticas, análisis y preguntas.

En el mundo social, como en la naturaleza, todo lo que tiene tamaño y estabilidad crece lentamente. La estrategia por partes es el antídoto perfecto contra nuestra impaciencia natural: nos concentra en algo pequeño e inmediato, una primera mordida, y luego en cómo y dónde una segunda mordida podrá acercarnos a nuestro objetivo último. Nos obliga a pensar en términos de un proceso, una secuencia de pasos y actos entrelazados, por pequeños que sean.

En el encubrimiento de tus manipulaciones nunca podrás llegar demasiado lejos. Así, cuando des una mordida, aun si es pequeña, pretende actuar en defensa propia. También es útil parecer la víctima. Da la impresión de que tus objetivos son limitados haciendo una pausa sustancial entre una mordida y otra —explorando el corto alcance de la atención de la gente— mientras proclamas ante todos que eres una persona pacífica. De hecho, sería el colmo de la sabiduría que en ocasiones dieras una mordida un poco más grande y luego devolvieras parte de lo que has tomado. La gente sólo verá tu generosidad y limitadas acciones, no el imperio sostenidamente creciente que estás formando.

La ambición puede reptar tanto como volar.

EDMUND BURKE, 1729-1797

Todas las concepciones nacidas de la impaciencia y destinadas a obtener una victoria rápida podrían ser sólo grandes errores [...] Fue necesario acumular miles de pequeñas victorias para convertirlas en un éxito grandioso.

General VO NGUYEN GIAP, 1911

Imagen:
La alcachofa.
A primera vista,
parece poco apetitosa,
aun repulsiva, con su magra materia
comestible y duro aspecto. Pero
el premio llega al desintegrarla,
devorándola hoja por hoja. Sus
hojas son cada vez más tiernas y
sabrosas, hasta que llegas
al suculento corazón.

Autoridad: Multiplicar los pequeños éxitos es precisamente conseguir un tesoro tras otro. Con el tiempo, uno se vuelve rico sin saber cómo ocurrió. —Federico el Grande (1712-1786)

LEY

30

PENETRA SU MENTE

ESTRATEGIAS DE COMUNICACIÓN

La comunicación es una especie de guerra, y su campo de batalla la mente reacia y defensiva de la gente en la que quieres influir. La meta es avanzar, penetrar sus defensas y ocupar su intelecto. Cualquier otra cosa es comunicación ineficaz, palabrería autoindulgente. Aprende a infiltrar tus ideas tras las líneas enemigas enviando mensajes por medio de pequeños detalles e induciendo a la gente a llegar a las conclusiones que tú deseas y a pensar que llegó a ellas por sí sola. A algunos podrás engañarlos encubriendo tus ideas extraordinarias bajo formas ordinarias; otros, más resistentes y planos, deben ser sacudidos con un lenguaje extremo erizado de novedad. Evita a toda costa un lenguaje estático, sermoneador y demasiado personal. Haz de tus palabras una chispa para la acción, no para la contemplación pasiva.

CLAVES PARA LA GUERRA

La manera más superficial de tratar de influir en otros es la conversación que no tiene nada real detrás. La influencia así producida siempre es insignificante.
I Ching, China, circa siglo VIII a. C.

Durante siglos la gente ha buscado la fórmula mágica que le dé el poder de influir en los demás por medio de las palabras. Esta búsqueda ha sido en gran medida elusiva. Las palabras tienen cualidades extrañas y paradójicas: por ejemplo, ofrece consejos a la gente, por sensatos que sean, y darás a entender que sabes más que ella. En la medida en que esto afecta sus inseguridades, tus palabras sabias pueden tener el mero efecto de atrincherarla en los mismos hábitos que quieres cambiar. Una vez que tu lenguaje ha salido al mundo, tu público hará lo que quiera con él, interpretándolo según sus prejuicios.

Más necio es aún quien se aferra a las palabras y las frases e intenta así alcanzar comprensión. Esto es como tratar de tocar la luna con una vara, o como rascar un zapato porque hay comezón en el pie. No tiene nada que ver con la Verdad.
Maestro ZEN MUMON, 1183-1260

El dircurso normal, e incluso la escritura y el arte exquisitos, usualmente sólo tocan a la gente en la superficie. Nuestros intentos por comunicarnos con ella se pierden en medio del ruido que llena sus oídos en la vida diaria. El poder de llegar más hondo en la gente, de alterar sus ideas y su conducta desagradable, es crítico a veces.

A lo que debes prestar atención no es simplemente al contenido de tu comunicación, sino también a la forma: el modo en que conduces a los demás hasta las conclusiones que deseas, más que transmitirles el mensaje con demasiadas palabras. Si quieres hacer que personas con baja autoestima se sientan mejor consigo mismas, el elogio tendrá un efecto superficial; en cambio, incítalas a lograr algo tangible, que les dé una experiencia real. Esto se traducirá en una sensación de seguridad mucho más profunda. Esa comunicación indirecta tiene el poder de penetrar hondo tras las defensas de la gente.

Al hablar este nuevo idioma, aprende a ampliar tu vocabulario más allá de la comunicación explícita. El silencio, por ejemplo, puede usarse con gran efecto: al guardar silencio, no responder, dices mucho; al no mencionar algo que la gente espera que digas, llamas la atención sobre esta elipsis, haces que comunique. De igual manera, los detalles de un texto, discurso u obra de arte tienen gran poder expresivo. En cualquier época puede ser peligroso expresar ideas contrarias a la tendencia de la opinión pública u ofensivas para las nociones de lo apropiado. Así, es preferible dar la impresión de ajustarse a las normas, repitiendo como perico el saber aceptado, incluido el propósito moral conveniente.

Puedes usar detalles aquí y allá para decir algo más. Si estás escribiendo una novela, por ejemplo, podrías poner tus opiniones peligrosas en boca de un villano, pero expresarlas con tal energía y color que se vuelvan más interesantes que los discursos del héroe. No todos comprenderán tus insinuaciones y capas de significado, pero algunos sin duda lo harán, al menos aquellos con el discernimiento adecuado; y los mensajes mixtos entusiasmarán a tu público: las formas indirectas de expresión —silencio, insinuación, detalles cargados de sentido, disparates deliberados— hacen que la gente sienta que participa, que descubre el significado por ella misma. Entre más participe la gente en el proceso de comunicación, más profundamente internalizará las ideas de éste.

Al poner en práctica esta estrategia, evita el frecuente error de empeñarte en conseguir la atención de los demás usando una forma impactante y extraña. La atención que obtengas por este medio será superficial y efímera. Al usar una forma que aleja a un público amplio, reduces tu audiencia; terminarás predicando a los conversos. Usar una forma convencional es más eficaz a largo plazo, porque atrae a un público mayor. Una vez que tengas ese público, puedes insinuar tu contenido real (y aun impactante) mediante los detalles y el subtexto.

El rey lidio Creso había tenido muy presente a Milcíades en sus pensamientos, así que cuando supo de su captura, envió una orden al pueblo de Lampsaco para que se le dejara en libertad; si se negaban, estaba decidido, añadió, a "derribarlos como un pino". La gente del pueblo se extrañó de la amenaza de Creso, y no comprendió qué podía significar "derribar como un pino" hasta que, al fin, el verdadero significado de la frase asomó en un anciano: el pino, explicó, era el único tipo de árbol que no echa renuevos después de talado; corta un pino y morirá para siempre. Esta explicación hizo que los lampsacenos temieran tanto a Creso que dejaron ir a Milcíades.

Historias, HERÓDOTO, 484-432, a.C.

En la guerra casi todo se juzga por su resultado. Si un general lleva a su ejército a la derrota, sus nobles intenciones no importan, ni el hecho de que factores imprevistos lo hayan desviado de su curso. Perdió; no hay excusa. Esta norma puede aplicarse a la política: lo que importa no es lo que la gente diga o pretenda, sino los resultados de sus acciones, ya sea que el poder aumente o disminuya. Hechos y resultados no mienten. Tú debes aprender a aplicar este mismo termómetro a tus intentos de comunicación, y a los de los demás.

La capacidad para llegar a la gente y alterar sus opiniones es un asunto serio, tan serio y estratégico como la guerra. Sé más severo contigo y con los demás: el fracaso en la comunicación no es culpa del público lerdo, sino de un comunicador poco estratégico.

Imagen: *El puñal. Es largo y termina en punta. No es necesario afilarlo. Su forma es perfecta para penetrar limpia y profundamente. Ya sea que acometa por el flanco, la espalda o el corazón, su efecto es fatal.*

Autoridad: *Yo no puedo dar a luz sabiduría; así que la acusación que muchos me hacen, de que mientras cuestiono a los demás, no doy a luz nada cuerdo debido a mi falta de sabiduría, es exacta. La razón de ello es ésta: Dios me obliga a servir como partera y me impide dar a luz.* —Sócrates (470-399 a.C.)

LEY

31

DESTRUYE DESDE DENTRO

LA ESTRATEGIA DEL FRENTE INTERNO

Una guerra sólo puede librarse cuando el enemigo aparece. Al infiltrar las filas de tus adversarios y operar desde dentro para abatirlos, no les ofreces nada que ver o contra lo cual reaccionar: la ventaja suprema. Desde dentro también conoces sus debilidades y abres oportunidades de sembrar la disensión interna. Para tomar lo que deseas, no riñas con quienes lo tienen; úneteles y apodérate después lentamente de eso, o espera el momento de lanzar un coup d'état. *Ninguna estructura puede durar mucho tiempo cuando se pudre desde dentro.*

CLAVES PARA LA GUERRA

En sus viajes revolucionarios y misionales, Hasán [jefe de los ismaelíes nizarios] buscaba una fortaleza inexpugnable desde la cual dirigir su resistencia al imperio de Seljuk. Alrededor de 1088, eligió finalmente el castillo de Alamut, construido en la estrecha elevación de una roca alta en el corazón de los montes Elburz, en una región conocida como Rudbar. Este castillo dominaba un cerrado valle de cultivo de cincuenta kilómetros de largo y cinco de ancho en su punto más amplio, a aproximadamente mil ochocientos treinta metros sobre el nivel del mar. Varias localidades salpicaban el valle, y sus habitantes fueron particularmente receptivos a la ascética piedad de Hasán. El castillo sólo era accesible, con la mayor dificultad, por una garganta del río Alamut [...] Hasán empleó una cuidadosa estrategia para apoderarse del castillo, que había sido otorgado a su entonces dueño chiíta, llamado Mahdi,

La forma más común de defensa en la guerra a la antigua era la fortaleza o ciudad amurallada, y durante siglos los jefes militares hicieron estrategias para tomar esas estructuras. La estrategia convencional contra la fortaleza era escalar u horadar sus muros, usando artillería de sitio y arietes. Esto solía significar sitiarla primero. Los habitantes de la ciudad desfallecían de hambre y se debilitaban poco a poco, lo que a la larga hacía posible horadar las paredes y tomar el castillo.

Al paso de los siglos, sin embargo, ciertos estrategas instruidos idearon otra manera de derribar los muros. Su estrategia se basaba en una sencilla premisa: la fuerza aparente de la fortaleza es una ilusión, porque detrás de sus muros la gente está atrapada, temerosa, incluso desesperada. Los líderes de la ciudad han agotado en esencia sus opciones; sólo pueden poner su fe en la arquitectura de la fortaleza. Tender un cerco a esas murallas es creer real la apariencia de su fuerza. Si lo cierto es que los muros ocultan la gran debilidad del interior, la estrategia adecuada es pasarlos por alto y apuntar adentro. Esto puede hacerse en forma literal, cavando túneles bajo los muros, minando su fuerza, una estrategia militar convencional. Pero una ruta mejor y más malévola es infiltrar personas por ellos o trabajar con los habitantes desafectos de la ciudad. Esto se llama "abrir un frente interno": hallar un grupo en el interior que opere en tu nombre para propagar el descontento y traicionar finalmente la fortaleza a fin de ponerla en tus manos, ahorrándote un largo sitio.

El principio básico es que resulta más fácil derribar una estructura —una pared, un grupo, una mente defensiva— desde dentro. Cuando algo empieza a deteriorarse o destruirse desde dentro, cae por su propio peso, manera mucho mejor de derribarlo que chocar con sus paredes. Aliados en el interior proveerán inteligencia valiosa sobre las vulnerabilidades del enemigo. Lo sabotearán callada y sutilmente. Esparcirán la disensión y división internas. Esta estrategia puede debilitar al enemigo al punto de que te sea posible liquidarlo con un golpe de penetración; también puede derribarlo por sí solo.

Una variante de esta estrategia es amistar con tus enemigos, abriéndote paso en forma subrepticia hasta su corazón y su mente. Como amigo de tus blancos de ataque, naturalmente conocerás sus necesidades e inseguridades, el suave interior que tanto se esfuerzan en ocultar. Bajarán la guardia con un amigo.

Si debes librarte o frustar a alguien de tu propio bando, la tendencia natural es considerar la posibilidad de conspirar con otros de tu grupo que sientan lo mismo. En la mayoría de las conspiraciones, la meta es una acción de gran escala para derribar al líder y tomar el poder. Es mucho lo que está en juego, y por eso las conspiraciones suelen ser difíciles y peligrosas. Por seguro que estés de los demás conspiradores, nunca sabrás a ciencia cierta qué ocurre en su mente.

Puedes tomar algunas precauciones. Mantén el número de conspiradores lo más reducido posible. Involúcralos en los detalles del complot sólo lo necesario; entre menos sepan, menos tendrán por decir. Revelar el calendario de tu plan lo más tarde posible antes de actuar no les dará tiempo para incumplir.

En fin, la moral desempeña un papel crucial en cualquier guerra, y siempre es sabio empeñarse en minar la moral de las tropas enemigas. Puedes intentarlo desde afuera, mediante la propaganda, pero esto suele tener el efecto contrario, reforzando la cohesión de soldados y

por el sultán Malikshah de Seljuk. Primero, Hasán envió a su confiable dai Husayn Qai-ni y a otros dos a obtener conversos en las localidades vecinas. Luego, muchos de los residentes y soldados de Alamut se convirtieron en secreto al ismaelismo. Por último, en septiembre de 1090, el propio Hasán fue introducido de contrabando en el castillo. Cuando Mahdi se dio cuenta de que Hasán había tomado calladamente su fortaleza, se marchó en forma pacífica [...].

The Templars and the Assassins, JAMES WASSERMAN, 2001

Un príncipe debe inquietarse poco de las conspiraciones cuando le tiene buena voluntad el pueblo; pero cuando éste le es contrario y le aborrece, tiene motivos de temer en cualquier ocasión y por parte de cada individuo.

NICOLÁS MAQUIAVELO, 1469-1527

civiles de cara a una fuerza extraña que trata de conquistarlos. Es mucho más efectivo buscar simpatizantes en las filas enemigas, quienes propaguen el descontento entre ellas como una enfermedad. Usar un frente interno para extender la disensión suele bastar para darte la ventaja que necesitas para arrollar al enemigo.

Imagen: *La termita. Desde lo más hondo de la estructura de la casa, la termita corroe en silencio la madera, y sus ejércitos recorren pacientemente las vigas y soportes: la labor no se nota, no así el resultado.*

Autoridad: *La peor política [militar] consiste en atacar las ciudades [...] Si el general es incapaz de contener su impaciencia y ordena a sus hombres aglomerarse en los alrededores del muro como un enjambre de abejas, morirán un tercio de ellos sin que la ciudad caiga [...] De esta forma, los expertos en el arte de la guerra someten al ejército enemigo sin combate. Toman las ciudades sin efectuar el asalto.* —Sun-tzu (siglo IV a.C.)

LEY

32

DOMINA MIENTRAS SIMULAS SUMISIÓN

LA ESTRATEGIA DE LA AGRESIVIDAD PASIVA

Todo intento por rendir a la gente a tu voluntad es una forma de agresión. Y en un mundo en el que las consideraciones políticas son primordiales, la forma de agresión más eficaz es la más oculta: la agresividad detrás de un exterior dócil y hasta amable. Para seguir la estrategia agresiva-pasiva debes simular congeniar con la gente, sin ofrecer resistencia. Pero en realidad tú dominas la situación. Eres reservado, incluso un poco débil, pero esto significa que todo gira a tu alrededor. Quizá algunas personas perciban lo que persigues y se enojen. No te preocupes; sólo cerciórate de disfrazar lo suficiente tu agresividad para que puedas negar que existe. Hazlo bien y se sentirán culpables de acusarte. La agresividad pasiva es una estrategia popular; debes aprender a defenderte de las vastas legiones de guerreros agresivos-pasivos que te acometerán en tu vida diaria.

CLAVES PARA LA GUERRA

Es imposible ganar una contienda con un adversario indefenso, porque si ganas, no ganas nada. Cada golpe que das no se te devuelve, así que todo lo que puedes sentir es culpa por haber golpeado, experimentando al mismo tiempo la desagradable sospecha de que esa indefensión es calculada.
Strategies of Psychotherapy, JAY HALEY, 1963.

Los seres humanos padecemos una limitación particular de nuestras facultades racionales que nos causa interminables problemas: cuando pensamos en alguien, o en algo que nos ha ocurrido, generalmente optamos por la interpretación más simple, más fácilmente digerible. Un conocido es bueno o malo, amable o grosero, con intenciones nobles o atroces; un hecho es positivo o negativo, benéfico o perjudicial; estamos contentos o tristes. Pero la verdad es que nada en la vida es tan simple. La gente es invariablemente una combinación de cualidades buenas y malas, fortalezas y debilidades. Sus intenciones al hacer algo pueden ser útiles y perjudiciales para nosotros al mismo tiempo, resultado de sus ambivalentes sentimientos hacia nosotros. Aun el hecho más positivo tiene su lado negativo.

Esta tendencia nuestra a juzgar las cosas en términos simples explica por qué la agresividad pasiva es tan diabólicamente eficaz como estrategia y por qué tantas personas la usan, consciente o inconscientemente. Por definición, la gente que actúa en forma agresiva-pasiva es simultáneamente pasiva y agresiva. Por fuera es dócil, amigable, obediente, incluso cariñosa. Al mismo tiempo, por dentro trama y emprende acciones hostiles. Su agresividad suele ser muy sutil: pequeños actos de sabotaje, comentarios destinados a exasperarte. También puede ser flagrantemente perjudicial.

Cuando somos víctimas de esa conducta, nos resulta difícil imaginar que ambas cosas están sucediendo al mismo tiempo. Podemos manejar la idea de que alguien puede ser amable un día y descortés al siguiente; a esto se le llama ser sencillamente de ánimo voluble. Pero ser descortés y amable simultáneamente... eso nos confunde.

Nuestra confusión da al guerrero agresivo-pasivo mayor poder de manipulación sobre nosotros.

Hay dos tipos de agresividad pasiva. El primero es la estrategia consciente. El segundo es una conducta semiconsciente o incluso inconsciente que la gente usa todo el tiempo en los pequeños, y no tanto, asuntos de la vida diaria. Tú podrías verte tentado a perdonar a este segundo tipo agresivo-pasivo, que parece inconsciente de los efectos de sus acciones o incapaz de detenerlos, pero la gente suele saber lo que hace mucho mejor de lo que te imaginas, y es más probable que te estés dejando engañar por su apariencia amigable e indefensa. Por lo general somos demasiado indulgentes con esta segunda variedad.

La clave para usar la agresividad pasiva como una positiva estrategia consciente es el frente que presentas a tus enemigos. Nunca deben poder detectar los pensamientos hoscos y desafiantes que ocurren en tu interior.

La agresividad pasiva tiene profundas raíces en la estrategia militar, en lo que podría llamarse "rendición falsa". En la guerra, tus enemigos nunca pueden descifrar tus ideas. Deben hacer de tu apariencia su guía, interpretando las señales que emites para deducir lo que piensas y planeas. Entre tanto, la rendición de un ejército tiende a ser seguida por un alud de emociones mientras todos bajan la guardia. El vencedor mantendrá vigiladas a las tropas derrotadas, pero, fatigado por el esfuerzo que tuvo que hacer para ganar, se sentirá profundamente tentado a ser menos precavido que antes. Un estratega astuto, entonces, puede rendirse en falso: anunciar que está derrotado en cuerpo y espíritu. Al no ver ninguna indicación contraria, e incapaz de leer su mente, es probable que el enemigo tome su sumisión al pie de la letra. El falso rendido tiene así tiempo y espacio para tramar nuevas hostilidades.

A veces uno tiene que tratar con enemigos ocultos, intangibles influencias que se escurren en las oscuras esquinas y desde ese escondite afectan a la gente por medio de la sugestión. En casos como éste, es necesario rastrear esas cosas hasta los más secretos escondrijos, para determinar la naturaleza de las influencias por enfrentar. [...] El anonimato mismo de tales maquinaciones requiere un esfuerzo especialmente vigoroso e infatigable, pero esto bien vale la pena. Porque cuando esas elusivas influencias salen a la luz y se identifican, pierden su poder sobre la gente.

I Ching, China, *circa* siglo VIII a.C.

En aquellos días la fuerza y las armas prevalecían; pero ahora la astucia del zorro avanza en todas partes, así que difícilmente puede hallarse un hombre leal o virtuoso.
REINA ISABEL I, 1533-1603

En la guerra como en la vida, la rendición falsa depende de la apariencia inconsútil de sumisión. Para que esto funcione, debes hacer lo mismo: fingir debilidad, un espíritu destrozado, un deseo de amistad —treta emocional con gran poder de distracción. Debes actuar teatralmente. Cualquier signo de ambivalencia arruinará el efecto.

Recuerda: nunca es prudente parecer demasiado ansioso de poder, riqueza o fama. Tu ambición puede llevarte a la cima, pero no se te apreciará y descubrirás que tu impopularidad es un problema. Es preferible que disfraces tus maniobras por el poder: no lo deseas, pero te ves obligado a aceptarlo. Ser pasivo y hacer que los demás se acerquen a ti es una forma brillante de agresividad.

Sutiles actos de sabotaje pueden obrar maravillas en la estrategia agresiva-pasiva, porque puedes camuflarlos bajo un aspecto dócil y amigable.

La agresividad pasiva es tan común en la vida diaria que debes saber cómo ejercer la defensa tanto como el ataque. No dejes de usar esta estrategia por ningún motivo; es demasiado efectiva para eliminarla de tu arsenal. Pero también debes saber manejarla con los agresivos-pasivos semiconscientes tan frecuentes en el mundo moderno, advirtiendo lo que se proponen antes de que te exasperen y siendo capaz de defenderte contra su extraña forma de ataque.

Un colega es cordial frente a ti pero dice cosas a tus espaldas que te acarrean problemas. Permites que alguien entre a tu vida, sólo para que te robe algo que valoras mucho. Estos sujetos hacen daño porque son excelentes para eludir todo tipo de culpa. Su *modus operandi* consiste en generar suficientes dudas de que fueron ellos quienes realizaron el acto agresivo; nunca es su culpa: por una u otra razón, son espectadores inocentes, indefensos, las auténticas víctimas de toda la dinámica. Sus

negativas de responsabilidad son desconcertantes: tú sospechas que han hecho algo, pero no puedes probarlo; o peor aún, si son *realmente* hábiles, te sientes culpable de pensar siquiera que es culpa suya. La culpa que sientes es un signo del poder que ellos tienen sobre ti.

Para derrotar al guerrero agresivo-pasivo, primero debes trabajar en ti. Esto significa ser agudamente consciente de la táctica de atribución de culpa tal como ocurre. Ahoga toda sensación de culpa que empieces a tener. Esos sujetos pueden ser muy congraciadores, usando el halago para atraerte a su telaraña, explotando tus inseguridades. Es a menudo tu propia debilidad la que te empuja a la dinámica agresiva-pasiva. Manténte alerta a eso.

Segundo, el paso más inteligente es desligarte, idealmente para echar a esa persona de tu vida, o al menos para no estallar y causar una escena, todo lo cual le haría el juego. Debes guardar la calma.

A menudo la contraestrategia más efectiva con el agresivo-pasivo es ser a su vez sutil y solapado con esa persona, neutralizando sus poderes. Nunca le concedas tiempo ni espacio para operar. Déjala echar raíces y hallará todo tipo de maneras furtivas de tirar de ti aquí y allá. Tu mejor defensa es estar atento a toda manifestación agresiva-pasiva a tu alrededor y mantener tu mente lo más libre posible de su insidiosa influencia.

***Imagen:** El río. Corre con gran fuerza, a veces desbordándose y produciendo daños indecibles. Intenta bloquearlo y sólo aumentarás su energía contenida y tu riesgo. En cambio, desvía su curso, canalízalo, haz que su poder sirva a tus propósitos.*

***Autoridad:** Así como la gota de agua perfora la roca, el débil y blando puede llegar a someter al firme y fuerte.* —Sun Haichen, *Wiles of War* (1991)

LEY

33

SIEMBRA INCERTIDUMBRE Y PÁNICO CON ACTOS DE TERROR

LA ESTRATEGIA DE LA REACCIÓN EN CADENA

El terror es el medio supremo para paralizar el deseo de resistencia de la gente y destruir su capacidad de planear una respuesta estratégica. Ese poder se obtiene mediante actos esporádicos de violencia que producen una constante sensación de amenaza, incubando un temor que se extiende por toda la esfera pública. La meta de una campaña de terror no es ganar en el campo de batalla, sino causar el máximo caos y provocar que la otra parte caiga en una desesperación extrema. Confundiéndose invisiblemente entre la población, ajustando sus acciones a los medios de información, los estrategas del terror crean la ilusión de estar en todas partes, y por lo tanto de ser más poderosos de lo que son. Es una guerra de nervios. Las víctimas del terror no deben sucumbir al temor, ni siquiera a la ira; para poder trazar una contraestrategia eficaz, deben mantener el equilibrio. De cara a una campaña de terror, la racionalidad individual es la última línea de defensa.

CLAVES PARA LA GUERRA

"Hermanos", dice un poeta ismaelí, "cuando llegue el momento del triunfo, con buena fortuna de ambos mundos como nuestra compañera, entonces con un solo guerrero a pie un rey podrá ser atacado por el terror, aunque posea más de cien mil hombres a caballo".
Citado en *The Assassins*, BERNARD LEWIS, 1967

Cuando un hombre ha entendido dentro de su corazón qué significan el temor y el temblor, está protegido contra cualquier terror producido por influencias externas. Que el trueno ruja y esparza el terror a cien kilómetros a la redonda: él permanecerá tan sereno y reverente en espíritu que el rito sacrificial no se interrumpirá. Éste es el espíritu que debe animar a líderes y gobernantes de hombres: una profunda seriedad interior ante la que todos los terrores externos resulten inofensivos.
I Ching, China, circa siglo VIII a. C.

En el curso de nuestra vida diaria estamos sujetos a temores de muchos tipos. Estos temores se relacionan por lo general con algo específico: alguien podría hacernos daño, se gesta un problema particular, nos amenaza una enfermedad, o incluso la muerte. En medio de un temor profundo, nuestra fuerza de voluntad se paraliza momentáneamente mientras contemplamos lo malo que podría ocurrirnos. Si esa condición se prolonga demasiado o es muy intensa, la vida se volverá insoportable, así que buscamos la manera de evitar esos pensamientos y mitigar nuestros temores. Estas distracciones y creencias se convierten en nuestro sustento, manteniéndonos de pie y capaces de seguir adelante sin la parálisis que el temor puede provocar.

En ciertas circunstancias, sin embargo, ese sustento puede hundirse, y entonces no hay nada que podamos hacer para estabilizarnos. Lo que más nos inquieta es el futuro, el temor de que sucedan más cosas terribles y que pronto suframos una tragedia impredecible. El temor se vuelve crónico e intenso, asediada nuestra mente por toda clase de pensamientos irracionales. Los temores específicos se vuelven generales. En un grupo el pánico se instaura.

En esencia, esto es el terror: un miedo intenso y opresivo a no poder conducir o librar una situación en la forma normal. Hay demasiada incertidumbre, demasiadas cosas malas que nos pueden ocurrir.

Es una ley de la guerra y la estrategia que, en pos de una ventaja, todo puede ensayarse y probarse. Así, grupos e individuos, viendo el inmenso poder que el terror puede tener sobre los seres humanos, hallaron la manera de usar el terror como estrategia.

Anque el terror como estrategia puede ser empleado por grandes ejércitos y hasta Estados enteros, es practicado con más efectividad por grupos reducidos. Siendo tan corto el número de sus miembros, no pueden esperar librar una guerra convencional, y ni siquiera una campaña guerrillera. El terror es su estrategia de último recurso. Frente a un enemigo mucho mayor, a menudo están desesperados, y tienen una causa con la que están absolutamente comprometidos. Las consideraciones éticas palidecen en comparación. Y crear caos es parte de su estrategia.

Esta asimetría lleva la guerra a su último extremo: un número mínimo de personas que libra batalla contra un poder inmenso, convirtiendo su pequeñez y desesperación en una potente arma. El dilema que todo terrorismo plantea, y la razón de que atraiga a tantos y sea tan poderoso, es que los terroristas tienen mucho menos que perder que los ejércitos en su contra, y mucho más que ganar por medio del terror.

En esencia, los terroristas patean una roca para iniciar una avalancha. Si no sigue un deslave, pierden poco, salvo quizá su propia vida, que están dispuestos a sacrificar en su devoción a su causa. Si siguen el pánico y el caos, sin embargo, tienen gran poder para influir en los acontecimientos. La capacidad de efectuar algún tipo de cambio, de alcanzar una meta específica, es lo que vuelve tan atractivo al terrorismo, en particular para quienes de otra forma están indefensos.

El terrorismo suele surgir de sensaciones de debilidad y desesperación, combinadas con la convicción de que la causa que se defiende, ya sea pública o personal, vale infligir y sufrir cualquier daño. Un mundo en el que el rostro del poder suele ser gigantesco y aparentemente invulnerable sólo vuelve más seductora esa estrategia.

Ya no podemos concebir la idea de un cálculo simbólico, como en el pókar o el potlatch: mínima apuesta, máximo resultado. Esto es exactamente lo que los terroristas han logrado con su ataque a Manhattan, que ilustra en forma más bien clara la teoría del caos: un impacto incial con incalculables consecuencias.
El espíritu del terrorismo,
JEAN BAUDRILLARD, 2002

En este sentido, el terrorismo puede convertirse en una suerte de estilo, una moda de conducta que se filtra a la sociedad misma.

Pese a todas sus fortalezas, el terrorismo también tiene limitaciones, que han sido fatídicas en muchas campañas violentas y que quienes se oponen a él deben conocer y explotar. La principal debilidad de esta estrategia es la ausencia de lazos entre los terroristas y la gente o base política real. A menudo aislados, viviendo en escondites, los terroristas tienden a perder contacto con la realidad, sobrestimando su poder y cometiendo excesos. Aunque su uso de la violencia debe ser estratégico para tener éxito, su distancia de la gente les dificulta mantener un sentido de equilibrio. Acentuar el aislamiento de los terroristas y privarlos de una base política debe ser parte de cualquier estrategia efectiva contra ellos.

La gente que se siente débil e impotente suele verse tentada a estallidos de ira o de conducta irracional, lo que mantiene a los demás en suspenso acerca de cuándo llegará el siguiente ataque. Esos arranques temperamentales, como los tipos más serios de terror, pueden tener un estremecedor efecto en su blanco, destruyendo la voluntad de combatir; cuando el trato más simple con esa gente puede ser tan desagradable, ¿para qué pelear? ¿Por qué no simplemente ceder? Un temperamento violento o un acto extremo, volcánico y pasmoso también puede crear la ilusión de poder, encubriendo verdaderas debilidades e inseguridades. Y una respuesta emocional o descontrolada a ellos sólo le hace el juego a la otra persona, creando el tipo de caos y atención del que ésta se beneficia. Si tienes que tratar con una pareja o jefe terrorista, defiéndete en forma resuelta pero desapasionada, la respuesta que esos sujetos menos esperan.

Para combatir el terrorismo siempre es tentador recurrir a la solución militar, enfrentando la violencia con la violencia, demostrando al enemigo que tu voluntad no está quebrantada y que cualquier ataque futuro de su parte tendrá un alto precio. El problema aquí es que, por naturaleza, los terroristas tienen mucho menos que perder que tú. Un contragolpe puede lastimarlos, pero no los disuadirá; de hecho, podría incluso envalentonarlos y ayudarles a conseguir reclutas. Los terroristas suelen estar dispuestos a dedicar años a abatirte. Herirlos con un contragolpe drástico sólo mostraría tu impaciencia, tu necesidad de resultados inmediatos, tu vulnerabilidad a respuestas emocionales, signos todos ellos no de fuerza, sino de debilidad.

A causa de la asimetría extrema de las fuerzas en juego en la estrategia terrorista, la solución militar suele ser la menos efectiva. Los terroristas son vaporosos, están dispersos, y unidos no físicamente, sino por una idea radical y fanática.

El escritor francés Raymond Aron define el terrorismo como un acto de violencia cuyo impacto psicológico excede con mucho al físico. Este impacto psicológico, sin embargo, se traduce después en algo físico —pánico, caos, división política—, todo lo cual hace que los terroristas parezcan más poderosos de lo que son. Una contaestrategia efectiva debe tomar esto en consideración.

Es preciso darse tiempo para desterrar pacientemente la amenaza terrorista. Más valiosa en este caso que la fuerza militar es una inteligencia sólida, la infiltración de las filas enemigas (tratando de hallar disidentes desde dentro) y el lento y estable agotamiento del dinero y recursos de los que los terroristas dependen.

Al mismo tiempo, es importante ocupar el trono moral. Como víctima de un ataque, tienes la ventaja en esta situación, pero puedes perderla si contratacas agresivamente. La paciente resolución y la negativa a reaccionar con desmesura servirán como disuasiones. Sensaciones de pánico e histeria revelan el grado en que el enemigo ha triunfado, como lo hace un muy rígido intento de defensa, en el que una sociedad y cultura en general se convierten en rehenes de un puñado de hombres.

Imagen: *La marejada. Algo perturba el agua mar adentro: un temblor, un volcán, un derrumbe. Una pequeña ola empieza a extenderse, volviéndose una ola mayor, y luego más grande aún, impulsada por la profundidad del mar, hasta romper en la playa con una inimaginable fuerza destructiva.*

Autoridad: *No hay peor destino que estar continuamente en guardia, porque significa que siempre tienes miedo.* —Julio César (100-44 a.C.)

Se agradece la autorización para reproducir fragmentos de las siguientes obras amparadas por derechos de autor:

Religious Mythology and the Art of War: Comparative Religious Symbolisms of Military Violence, de James A. Aho. Copyright © 1981 de James A. Aho. Reproducido con autorización de Greenwood Publishing Group, Inc., Westport, Connecticut.

Dragonwars: Armed Struggle and the Conventions of Modern War, de J. Bowyer Bell. Copyright © 1999 de Transaction Publishers. Reproducido con autorización de Transaction Publishers.

Roosevelt: The Lion and the Fox, de James MacGregor Burns. Copyright © 1956 de James MacGregor Burns. Copyright renovado 1984 por James MacGregor Burns. Reproducido con autorización de Harcourt, Inc.

The Years of Lyndon Johnson: The Path to Power, de Robert A. Caro. Copyright © 1982 de Robert A. Caro. Utilizado con autorización de Alfred A. Knopf, división de Random House, Inc.

Journey to Ixtlan: The Lessons of Don Juan, de Carlos Castaneda. Copyright © 1972 de Carlos Castaneda. Abreviado y utilizado con autorización de Simon & Schuster Adult Publishing Group.

The Art of War in World History: From Antiquity to the Nuclear Age, editado por Gerard Chaliand. Copyright © 1994 de The Regents of the University of California. Con autorización de la University of California Press.

Titan: The Life of John D. Rockefeller, Sr., de Ron Chernow. Copyright © 1998 de Ron Chernow. Reproducido con autorización de Random House, Inc.

Clausewitz on Strategy: Inspiration and Insight from a Master Strategist, editado por Tiha von Ghyczy, Bolko von Oetinger y Christopher Bassford (John Wiley & Sons). Copyright © 2001 de The Boston Consulting Group, Inc. Reproducido con autorización de The Strategy Institute.

On War, de Carl von Clausewitz, editado y traducido por Michael Howard y Peter Paret. Copyright © 1976 de Princeton University Press, renovado en 2004 por Princeton University Press. Reproducido con autorización de Princeton University Press.

Command in War, de Martin van Creveld. Copyright © 1985 del President and Fellows of Harvard College. Reproducido con autorización de Harvard University Press, Cambridge, Mass.

The Generalship of Alexander the Great, de J. F. C. Fuller. Copyright © 1960 de J. F. C. Fuller. Reproducido con autorización de Rutgers University Press.

Grant and Lee: A Study in Personality and Generalship, de J. F. C. Fuller (Indiana University Press). Copyright © 1957 de J. F. C. Fuller. Con autorización de David Higham Associates.

Julius Caesar: Man, Soldier and Tyrant, de J. F. C. Fuller. Copyright © 1965 de J. F. C. Fuller. Reproducido con autorización de Rutgers University Press.

The Greco-Persian Wars, de Peter Green. Copyright © 1996 de Peter Green. Reproducido con autorización de University of California Press.

Strategies of Psychotherapy, de Jay Haley (Triangle Press). Copyright © 1967 de Jay Haley. Con autorización del autor.

Masters of War: Classic Strategic Thought, de Michael I. Handel (Frank Cass Publishers). Copyright © 1992 de Michael I. Handel. Reproducido con autorización de Taylor & Francis Books.

Iliad, de Homero, traducción de Stanley Lombardo. Copyright © 1997 de Hackett Publishing Company, Inc. Reproducido con autorización de Hackett Publishing Company, Inc. Derechos reservados.

The Head Game: Baseball Seen from the Pitcher's Mound, de Roger Kahn. Copyright © 2000 Hook Slide, Inc. Reproducido con autorización de Harcourt, Inc.

A World Restored: Metternich, Castlereagh and the Problems of Peace 1812-1822, de Henry Kissinger (Boston, Houghton Mifflin, 1957). Reproducido con autorización de la editorial.

Samurai Zen: The Warrior Koans, de Trevor Leggett (Routledge). Copyright © 2002 de The Trevor Leggett Adhyatma Yoga Trust. Reproducido con autorización de Taylor & Francis Books.

The Art of Maneuver: Maneuver-Warfare Theory and Airland Battle, de Robert R. Leonhard. Copyright © 1991 de Robert R. Leonhard. Utilizado con autorización de Presidio Press, sello de The Ballantine Publishing Group, división de Random House, Inc.

Hitler: The Life and Turmoils of Ted Williams, de Ed Linn. Copyright © 1993 de Edward A. Linn. Reproducido con autorización de Harcourt, Inc.

The Ramayana of R. K. Narayan, de R. K. Narayan. Copyright © R. K. Narayan, 1972. Utilizado con autorización de Viking Penguin, miembro de Penguin Group (USA) Inc.

Esta obra se imprimió y encuadernó
en el mes de septiembre de 2023,
en los talleres de Impregráfica Digital, S.A. de C.V.,
Av. Coyoacán 100-D, Col. Del Valle Norte,
C.P. 03103, Benito Juárez, Ciudad de México.